食べる。

中村安希

集英社文庫

食べる。

目次

食べる。

食べる前に

そこに火がなければ、とてもストーブとは思えないほど古びたドラム缶だった。湯気が立っていなければ、とてもポットとは思えないほど錆《さ》びついた鉄の塊だった。そして何より、彼女がそこにいなければ、この家を廃屋と間違えて、私は通り過ぎていたに違いない。

老婆は、出会った二日前と変わらない陽気さで山道を行く私を呼び止め、家の中に招き入れた。チベット語でおそらく何か冗談を言い、声を立てて笑った。いたずらをする孫たちを棒でつつき、愉快そうにこちらを振り返った。薄暗い部屋の片隅では、もう一人別の老婆が目を閉じ、数珠《じゅず》を手にお経を唱えていた。

私は世界地図を取り出して広げ、ヒマラヤ山脈を指さした。

いまどこにいるのか、私がどこからやってきたのかを、何とかして彼女に伝えようとした。

老婆は、大部分が海の色で塗りつぶされた大きな紙を覗《のぞ》き込み、少しばかり考えてから顔を上げて笑った。

それから、手垢《てあか》ですっかり黒ずんだ茶碗を手に取り、千切れかけたぼろ布でその表面を磨きはじめた――何度も、何度も、丁寧に。

老婆は、磨き上げた茶碗をそっと台にのせ、そこへポットの湯を注いだ。光沢を取り戻した真っ白な茶碗を受け取り、私は、軽く会釈した。

標高四千メートルの地で沸点に達した一杯の白湯は、乾ききった唇を湿らせ、喉もとを滑り落ち、あっという間に胸の奥へ消えた。

地図をしまい、私はバックパックを背負った。

ベルトをきつく締め直し、手を合わせ、もう一度、深く頭を下げた。

そして老婆の家を辞すると、また、南に向かって山を歩いた。

第一話

インジェラ

——エチオピア

その料理の噂《うわさ》を初めて耳にしたのは、二〇〇七年の春、パキスタンの山中に滞在していたときだった。私は、シングルベッドが二つある個室を日本人の女性旅行者とシェアしていて、毎晩それぞれのベッドに入ったあと、彼女から旅の話を聞かせてもらっていた。ある晩、彼女は体にできた痣《あざ》のような腫れあとを注意深くチェックしながら、「エチオピアは南京虫がひどくて」と語りはじめた。

「寝袋の中で寝てたのに、虫が中まで入ってきて咬《か》んでいくみたいで。仕方がないから途中からはビニールシートを敷いたりして防衛してたんだけど、もう手遅れだった。あれから何カ月も経つけど、まだあとが消えない」

南京虫の咬みあとは、傷痕のように痛々しかった。虫の仕業とは思えないほど大きな黒いシミが、その虫の傑出した獰猛《どうもう》さを物語っていた。私は自分のベッドに寝転んで、彼女の足や腰まわりの痣を眺めながら、それでもエチオピアに行く価値はあるのだろうか、と訊《き》いた。彼女は、「ある」と即答した。

「南京虫を除けば、エチオピアはすごくよかった。民族とか、音楽とか、文化的には相当面白かったから。それから、あの国には独特の食べ物があって」

旅人の間でその料理は〝ゲロ雑巾〟と呼ばれていたと言って、彼女は笑った。

「好きになる人もいるみたいなんだけど、なんていうかゲロみたいに酸っぱくて、ほんとうにボロボロの雑巾みたいな色をしてて」

「ゲロ雑巾と南京虫ですか……」

「でも大丈夫。エチオピアでは、スパゲティも一般的に食べられているから、食べ物には困らないと思う」

そして彼女は、「もしも南京虫に襲われたら、どんなに痒《かゆ》くても絶対に掻《か》いちゃダメ」と付け加えた。


パキスタンを離れて約五カ月後に、私は初めてエチオピアを訪れた。アラビア半島の南端から船でアフリカのジブチへ渡り、そこから夜行列車に乗って、東からのルートでエチオピアに入った。途中で調達したビニールシートを、来るべきエチオピア旅行に備えてバックパックの中に入れていたにもかかわらず、そのシートを使わないうちに、アラビア半島で南京虫に襲われてしまっていた。我慢の限度を超えた痒さに苦しみ、虫に対する恐怖心が睡眠を妨げた。エチオピアに入る前から、私は明らかに萎縮していた。

故障で何度も止まりながら、列車がついにエチオピア最初の街へ到着した深夜、私がまず考えたことは、宿など探さず、駅のベンチに腰掛けてじっと朝を待つことだった。ベッドに横たわって虫にやられるくらいなら、外で立ったまま夜を明かすほうがずっとマシだった。要するに私はもう、虫以外のことを何も考えられなくなっていたのだ。

列車を降りると、その頃一緒に旅をしていた韓国人の男性と連れ立って、とりあえず駅前の屋台に向かった。深夜にもかかわらず、数個の白熱灯があたりを照らし、土の地面に並べられた丈《たけ》の低い木製テーブルのまわりに、酔っ払いが集まっていた。私たちは、腰掛けに尻を下ろし、とりあえず何かを食べて一息つくことにした。宿を探すべきか、外で夜を明かすべきかは、食事のあとに考えればいい。店の女性は、丸い鉄のプレートを私たちのテーブルに置いた。薄明かりに照らされて、灰色の布のようなものと、その上にほんの少しだけ盛られたじゃがいもの煮込みか何かが見えた。布のようなものの端を少しだけ千切って口へ入れた。湿り気があって、酸っぱかった。連れの男性が手を止め、神妙な面持ちで言った。

「エチオピアにいる間、僕は食事を楽しむことができないかもしれない」

同感だった。彼は食事をやめて、口直しにタバコを吸った。私は、極度の空腹に助けられながら、プレートの残りをもう少しだけ胃袋へ押し込み、「そういえば……」と呟《つぶや》いた。

「これって、エチオピアの名物料理だった気がする。以前、ある旅人から聞いたことがあるのを思い出した。何ていう名前だったかな」

　私は、〝ゲロ〟と〝雑巾〟にあたる英単語を彼に伝え、それでもまだ思い出せない料理の名前を記憶の中から見つけ出そうとした。彼は、そっぽを向いたまま疲れた顔でタバコをふかし、「僕たちはこの国を好きになることができるだろうか？」と私に訊いた。私はカップの中の濁った紅茶を揺らしながら、頭の片隅に浮かびかけた音を、ふわりとすくい上げるように口にしてみた。

「たしか……インジェラ？」

　彼はタバコの火を消して、「宿を探しに行こう」と言った。私は深いため息をついた――南京虫の恐怖がどっと舞い戻ってきたからだ。

　私たちは十日ばかりかけてエチオピア国内を移動し、ケニアに向かって少しずつ南下した。日を追うごとに、「僕はだんだんこの国が好きになってきたよ」と彼は言った。街は、どこもかしこも音で溢れていた。じっと耳を澄ますと、エチオピアの音楽は日本の民謡のようにも聴こえた。村々は、見たこともないビビッドな色彩に満ちていた。赤土の大地に立つ丸太小屋と冴《さ》えわたる木々の緑。ミートソースのオレンジ色が白いスパゲティに絡まり、一杯十円の最高級エスプレッソが、小さなカップの中で艶《つや》やかに黒く輝いていた。私たちは、エスプレッソのカップを日に何回も空《から》にした。

そして夜が来ると、闇にうごめく見えない敵を、私はただひたすら恐れ疲労を深めた。

ケニアとの国境にたどり着いた夜、彼は出国前最後の夕飯に煮込み肉ののったインジェラを選び、エチオピアでの食体験を中途半端な表現で総括した。

「インジェラもそんなに悪くないというか、そこそこ、なんだか実は好き……みたいな」

彼の気持ちは分かるような気がした。けれど私はインジェラではなく、スパゲティを注文した。そして、フォークの先でパスタにソースを絡めながら、エチオピア最後の夜を過ごす宿のことを考えた——明日の朝には、ようやくこの国を出て行けるのだ。

ケニアに入国したあとは、アフリカの大地を南へ進んだ。大陸の西の国々やサハラ砂漠の国へも行った。すると次第に、私はあることに気づきはじめた。エチオピアという国の特異性が、国を追うごとに際立ってきたのだ。エチオピアは、どのアフリカの国にも似ていなかった。どの文化圏にも属していなかった。そしていつ頃からか、私はエチオピアの異端ぶりを懐かしむようになっていた。高原に根を張るあの国の色を、音を、闇を、そしてインジェラという言葉の響きを。

エチオピアを出て八カ月余りが過ぎた頃、私はオランダのアムステルダムで、インジェラに再会した。西アフリカを旅行中に知り合った、アフリカ音楽好きの友人を訪ねたことがきっかけだった。エチオピア音楽のライブコンサートへ行く前に、彼は、私とエチオピア出身の女性を誘って、インジェラを食べに連れていってくれた。

「君が食べたいって言うから」

彼は誇らしげに人気店のドアを開け、ほぼ満席の店内に私たちを案内してから、大きなプレートを注文した。考えてみると奇妙だったが、私は八カ月かけて、少しずつインジェラに惚れていったらしかった。エチオピアを出るときにはそこそこ好きになりかけていた、あのぐにゃぐにゃした手触りやほのかな酸味が、日を追うごとに恋しくなり、どうしてもまた食べたくなったのだ。

アムステルダムのインジェラは、ディナーにふさわしい豪華さと、洗練された味を兼ね備えていた。生地は美しいクリーム色に焼き上げられ、舌触りはなめらかで、酸味がやや抑えられていて食べやすかった。肉、野菜、コテージチーズ、どの具材もインジェラの生地によく合っていた。

ベジタリアンの友人は、野菜と生地だけを食べていたが、エチオピア人の女性が、摘《つ》まみあげた肉を無理やり彼の口へ詰め込み、「肉も食べなさい！」と叱咤《しった》すると、顔を真っ赤にしてつらそうに肉をのみ込んだ。私は慌てて彼女を制し、彼に水をすすめた。

「ダメよ無理に食べさせちゃ。彼はベジタリアンなんだから。ほら、汗かいちゃって。アレルギー反応が出たらたいへん」

すると彼は、アレルギー性ではなく動物虐待への抵抗心からベジタリアンを選び取っていることを告白し、額の汗と口もとの肉汁をナプキンの端で拭った。

「僕が疑問に思うのは、動物の存在がまるで感じられない僕たちの暮らしの中に、食肉だけが大量にあるということ。ほとんどの家畜は、草地の上を歩きまわることも、屋外の新鮮な空気を吸うこともなく、狭い小屋の中で一生を過ごす。僕たちの目に触れることなくいつの間にか食肉にされて、パックに入ってスーパーに並ぶ。ただ食べるためだけに飼育された商用動物の肉を、僕は食べることができない」

「じゃあ、魚は食べるの？」

「基本的には、魚も食べない」

アフリカの西海岸で乱獲された魚が地元漁民の口に入ることなく、ヨーロッパにばかり流れていくことに違和感があるから、と彼は理由を簡潔に述べた。

「それじゃ、例えば遊牧で育ったヤギの肉なら食べてもいいのかしら」

彼は頷《うなず》いた。アフリカのように動物たちが太陽の下に出て、草むらを自由に歩きまわり、人と一緒に暮らしているような環境であれば、動物たちに対する感謝の気持ちをもって、彼らの肉を食べることは可能だ、と。

「だからアフリカを旅行中は、肉を口にすることもあるよ。ごくたまに、だけどね」

それが彼のポリシーで、オランダでベジタリアンになっている理由だった。エチオピア人の彼女は、また彼の口に無理やり肉を突っ込み、力強く笑いながら言った。

「肉を食べないなんて、アフリカでは許されません！　ほら、もっと食べて！」

私は彼女に、オランダ暮らしの中でも、日常的にインジェラを食べているのかと訊いた。すると彼女は少し声のトーンを落とし、しんみりと、「そうね……」と言った。

「ただ、こっちで作るインジェラは、小麦ベースだから、テフ（イネ科のエチオピア原産の穀物）を発酵させて作る故郷のものとは少し違う」

たしかに現地のものと比べると、アムステルダムで食べるインジェラは、味、形、色、舌触り、全てが整いすぎていて、そのために何かを失っているような気もした。酸味が足りないのか、色が明るすぎるのか……。物足りなさのわけをあれこれ考えた末に、「どこが違うのか」と彼女に訊いた。

「だって、小麦のインジェラはカロリーが高いんだもの。デブになるわ！」
彼女はそう言って、豪快に笑った。

それから一年と少しが経ち、私は、再びあの南京虫地獄のエチオピアへと帰ってきた——まるでインジェラの魔力に呼び戻されるようにして。

二度目のエチオピアへは、スーダンから北西部の国境を越えて入った。入国管理局の小屋でパスポートにスタンプを押してもらったあと、私は最初に目についたプレハブの安宿へチェックインした。

まず、シングルベッドに虫除けスプレーを散布し、ビニールシートでマットを覆った。次に、離れにあるぼっとん式のトイレの中で頭から水をかぶり全身を洗った。そして、洗いたての清潔なTシャツに袖を通し、両替したばかりのエチオピア・ブルをズボンのポケットに詰め込んで、通りの向かいの屋台へ急いだ。

たった一つの食べ物を求めてビザを取ったのは、初めてのことだった。たった一つの味をもう一度確かめるために、国境を越えてしまった自分がおかしかった。そのたった一つの料理は鉄のプレートにのって私の前に運ばれてきた。生焼けのクレープのような生地。色とりどりの野菜、肉、豆。私は指先でインジェラをすくい上げ、口の中へ放り込んだ。

食事のあと、バーでしばらく時間をつぶし、宿の部屋に戻った。懐中電灯を持って蚊《か》帳《や》の中へもぐり込み、網の破れた部分をガムテープで塞《ふさ》いだ。通りのあちらこちらで大音量の音楽が鳴っていた。私は音の海に包まれながら、ビニールシートの上に横たわった。ほどなくして電気の供給が止まり、ため息とともに静けさが村を支配したかと思うと、次の瞬間、発電機の回転音とスピーカーから溢れ出す大音響が、闇を突き破って響いてきた。

翌朝四時半に、バックパックを担いで宿を出た。懐中電灯で足もとを照らしながらバスに乗り込むと、同じバスに乗っていた二人組の男性と仲良くなった。二人は出稼ぎ先のスーダンから、首都アディスアベバに帰る途中で、家族と過ごす休暇を心待ちにしていた。彼らは、エチオピアにあってスーダンにないものについて議論し、とりわけ食べ物に関する話題に多くの時間を費やした。そして、バスが山岳地帯の村へ着くと、私たち三人は飲食店に入りテーブルを囲んだ。

運ばれてきたプレートには、肉の煮込みとインジェラがたっぷりと盛られていた。彼らは、イスラム教のスーダンでは普段味わえないビールをノドを鳴らして飲みほし、大はしゃぎでインジェラを追加注文した。灰色がかったインジェラには酸味があった。ざらつきがあった。煮込んだ肉には弾力があって、肉片の一つひとつがプリプリしていた。インジェラを頬ばる二人の目には、どこか野性的な光があった。

私たちは次の街で宿をとり、夜のバーへライブ音楽を聴きに出かけた。店内はとても暗く、湿り気を帯びていて、その独特の雰囲気は、木々が鬱蒼と茂った深い森を連想させた。歌と演奏を聴きながら、ハチミツベースの酒、タッジの瓶をまわし飲みした。

歌い手たちの地声は、みぞおちに直接突き刺さり、胸の奥で激しい振動を繰り返した。優しい歌声はなく、柔らかい踊りもなかった。バーの薄闇の中にはいつも、全身に打ちつけてくる音と、空気を引きちぎるような鋭い動きだけがあった。私は、わずかに覚醒作用を持つチャットという葉っぱの若芽を千切り取り、奥歯でぎりぎり噛《か》みしめた。タッジとチャットが胃の中で絡み合うと、ほどなくして強烈な頭痛と胸やけに襲われた。自室に戻るやいなや、私はビニールシートの上に倒れ込んだ。

翌朝、男性の一人が街を去り、そのまた翌朝には、私も街を離れてアディスアベバへ行くことにした。宿は水と電気が止まり、トイレには汚物が溜まっていた。携帯電話の電池が切れて、時間が全く分からなくなった。私はビニールシートの上に座って、早朝二時二十分に宿に迎えに来る乗り合いヴァンをじっと待った。短くなったろうそくの火が、壁を這《は》いずりまわるゴキブリを照らしていた。電池式蚊取りをあざ笑うように、無数の蚊が悠々と飛びまわっていた。私は両目をしっかり開けて、時刻不明の漠然とした時の流れの中にいた。そして突然、ドアが外側から叩《たた》かれると、ビニールシートを丸め、バックパックを肩に担いだ。

疾走するヴァンの窓から深い闇を見つめた。エチオピアの闇は、どの国の闇よりも黒く、重く、沈み込んでいくような奥行きがあった。雨季を迎えたエチオピア高原を覆う雨雲のせいか、赤茶色の大地が光を吸収してしまうからか。あるいは腹の底から地鳴りのように吐き出されるあの歌声が、この闇をつくりだしているのかもしれない。

夕暮れ時にアディスアベバに到着し、適当な安宿を探した。翌朝には飛行機に乗って、アフリカでもっとも近代的な国、南アフリカへ向かうことになっていた。相変わらず電気は止まっていて、時間は分からないままだった。私は、宿の共同トイレに行きドアを開けた。中には大きなタライが置かれていて、使用済みコンドームで満杯だった。別のトイレのドアを開けた。今度は便座のない洋式トイレに誰かの汚物が溜まっていた。強い吐き気がした。息を止めてズボンを下ろし、便器の縁に両足をのせてしゃがむと、両目に涙が滲《にじ》んだ。それから再び、ビニールシートの上に座って眠らない夜を過ごした――薄壁の向こうからもれてくる売春婦たちのあえぎ声を聴きながら。

朝、夜明け前の通りへ出てタクシーを拾った。後部座席の背もたれに体をあずけると、二日前の夜、最後に食べたインジェラが脳裏をよぎった。停電した店内のテーブルに、ろうそくを立てて食べた一皿だった。柔らかい炎が、丸いプレートを闇の中に浮き上がらせ、インジェラの上に並んだカラフルな煮込み野菜は、まるで個性的な惑星を抱えた小宇宙のようだった。

タクシーの窓の向こうに、明るみはじめたアディスアベバの空が見えていた。空港に着いたら手を洗おう。顔を洗おう。歯を磨こう。それから……、重たくなった瞼《まぶた》がゆっくり下りた。

第二話

サンボル

——スリランカ

ほうきが地面をこする小気味よい音で目が覚めた。蚊帳の端をそっと持ち上げ、ベッドをおりて部屋を出た。開いたままの裏の戸口から朝陽《あさひ》がさし込み、よく磨かれた床のタイルがよりいっそう輝いて見えた。素足のまま外へ出て声をかけると、おばあちゃんはほうきを持つ手を止めて振り返った。

「モーニンモーニン。ティ？」

私は頷き、「オウ」と言った。それはスリランカへ来て最初に身についた、最も実用的な単語だった。おばあちゃんのあとについて離れのキッチンへ入り、ティーカップを受け取った。それから、中庭に出した椅子に腰かけて、カップの縁へそっと唇をあてた。起きぬけの一杯の紅茶が胸に沁《し》みていく。

大きな二階建ての家のまわりには、よく整えられた庭があった。枝もたわわに実をつけた若いココナツの木が、何本もの添え木の助けをかりて、どうにか枝を折らずに踏ん張っていた。収穫前のバナナには、大きな袋がかぶせられていた――サルが横取りしていくからだ。青唐辛子、パパイヤ、鮮やかな緑色の葉を持つつる状の植物、枝いっぱいに花や果実をつけた木々が、種類ごとにきちんと区分けされて植えられていた。

おばあちゃんは、プランターの花に水をやり終え、細かいゴミをちりとりで拾い上げゴミ箱に捨てた。〝彼〟はまだ夢の中にいる。二階に住む兄はもうとっくに出勤した。兄嫁と二歳の甥っ子は、二度寝の真っ最中だ。私は、空になったティーカップを流しへ持っていき、おばあちゃんの横でそれを洗った。

彼に初めて会ったのは、その家からバイクでおよそ十五分、スリランカ南部の街中にあるレストランの中だった。私は長いバス移動を終えたばかりで疲れていて、フィッシュカレーを食べ終えたあとも、なかなか腰を上げられないでいた。するとウェイターの彼が、伝票を持ってきたついでに突然話しかけてきたのだ。どこのホテルに泊まっているのか、と。私は窓の外を指さし、「あのあたりのどこかの宿に泊まる予定です」と答えた。

「僕の家に泊まればいい。タダだから」

私は椅子に座ったまま、彼を見上げた。歳はおそらく三十代半ばを超えている。背は高く、体格はいい。白いシャツの下のお腹がぽっこり出ていて、左の目が不自由だった。彼は、大きな家を所有していると言い、タダであるという点を繰り返した。ありがたい誘いだった。日も暮れかけたこんな時間からバックパックを担いで宿を探すなんて面倒だったし、彼についていけば宿代も浮く。けれど、だからといって、「ではお邪魔します」と即答し、のこのことついていくわけにもいかなかった。

「ご家族と一緒に暮らしているのですか？」

「母親と一緒に暮らしています」

ますます判断が難しくなった。発展途上国のスリランカで三十代になっても結婚をせず、ウェイターなのに大きな家を所有していて、母親と二人で暮らしていながら、バックパックを投げ出したままテーブルを前にして放心する異国人の女に唐突に声をかけてきた男。どこから来たのかとか、スリランカをどう思うかといった前置きの質問をすっとばして、「僕の家に泊まればタダだ」と単刀直入に言った男。新しいナンパスタイルか、巧妙な詐欺事件の始まり、あるいは母親が病にふせっていて多額の資金援助を必要としているとか……。

「興味深いお誘いをありがとう。また、ごはんを食べに来ます」

私は言葉をにごし、判断を先延ばしにした。彼は「また来てください」とだけ言った。そして約束どおり、私はこのレストランに三日通いランチを食べた。私たちは、あくまでもウェイターと客の立場のままで、毎日少しだけ言葉を交わした。彼は、公私混同するような人ではなく、サービスはきちんとしていて、会話には節度があった。彼の同僚たちもまた、いやらしい目つきで私を見るようなことはなく、彼の大きな家へ行くことを止めもしなければ勧めもせず自然な反応を示した。そして三日目も、彼はいつもと同じ調子で言った。

「いつでも来たいときに、来てください」

「それでは」と、私はいくぶんかあらたまった態度で言った。

「あなたのお母さんに、お目にかかりたいと思います。明日、うかがってもいいですか?」

「もちろん」

それから私はカジュアルな口調で、「お母さんって素敵な人?」と付け加えた。

「もちろん! それに母には、君が来るかもしれないと、もう話してあるんだ」

彼は毎朝、九時半過ぎに家を出て、夜八時にレストランが閉店したあと、九時過ぎに帰宅して夕飯を食べる。私は朝から晩まで、〝おばあちゃん〟にくっついてお茶を飲み、何度もごはんを食べ、庭の椅子に座って本を読んだり、リスや鳥、水槽に飼われている魚を見て過ごした。それから時々、おばあちゃんと椅子を並べて、この世界の美しさについて語りあった。それは超現実的でありながら、平和と寛容に満ちた会話だった——

私はおばあちゃんの言葉を、おばあちゃんは私の言葉を、ただの一つも理解できなかったからだ。おばあちゃんは時々、よく手入れされた入れ歯を見せてニッと笑った。私もお返しに、フッ素で磨き上げた前歯をおばあちゃんに見せた。

おばあちゃんのキッチンは、自然の理にかなった省エネシステムになっていた。ガスコンロがあるにもかかわらず、フィッシュカレーもごはんも囲炉裏《いろり》の火で作られた。おばあちゃんは毎朝、庭先で採れるココナツの中身を取り出したあと、使いやすい大きさに殻を割り、花壇の縁に積み上げて囲いとして利用していた。殻は日ごとに乾燥し、最後には茶色い燃料になった。おばあちゃんの手にかかると、ココナツの実は飲み物にも食べ物にも調味料にもなり、殻はカレーを煮込むとろ火や、やかんの湯を沸かす大きな炎にもあっという間に変化するのだ。

昼間、おばあちゃんはキッチンの外に出したテーブルの上で調理した。庭で摘んだばかりの、あの名前の分からないつるについた緑色の葉っぱを細かく刻み、器に入れて調味料を足した。その所作はいつも一定で、迷いも焦りも休みもなかった。つるを束ねる手つきも、調味料を振り入れるタイミングも、それから硬い何かの塊を包丁の角で砕いているときでさえ、動きには飾りのない、常に安定したリズムがあった。

「それは何ですか?」

私は、砕いたばかりの破片をもらい、匂いを嗅《か》いでから、口の中へ放り込んだ。乾燥した魚肉片……、かつお節？　だった。

葉っぱを刻んだ和《あ》え物は、サンボルという名の付け合わせになり、カレーや野菜の煮物と一緒に赤い米の上に豊かな彩りを添えた。私は米にサンボルを混ぜ込み、右手ですくって口へ入れた。さっぱりとしたライムの香り、サクサクした食感、青唐辛子のまっすぐな刺激、その絶妙なバランスが爽やかで、食べているといつも清々《すがすが》しい気持ちになった。

私が訪れた世界の国々には、豪華な食べ物がいくつもあった。食欲を掻き立てる食材や手の込んだ料理に、舌を愉しませたことも一度や二度ではない。けれど、とっさにレシピをメモして持ち帰ったことは、実は数えるほどしかない。日々の暮らしの中に取り入れ、自分の心身の一部としてずっと長く付き合っていける味は、どれだけ世界が広がろうとも、それほど多くは存在しない。

緑のサンボル

＊　緑の葉っぱ（小松菜などで代用）、ココナッツの搾りかす、たまねぎ、ライム、塩、こしょう、青唐辛子、かつお節

夕方になると、おばあちゃんと私はお供え物を携《たずさ》えて近所の寺まで歩いた。三十段ばかりの急な階段を上り終えたところに、白いウサギが座っていた。子牛もいた。愛想のいい可愛い犬と、目つきの悪い不良のような顔をした犬がいて、お参りをしているような人は他に誰もいなかった。私たちは履物を脱ぎ、まずは仏塔のまわりの枯れ葉をほうきで掃いて集めた。枯れ葉が乾いた音を立て、ほうきが地面に模様を描いた。解放された足の指が、伸びをするように地べたに広がり、ほっと息をついたようだった。

おばあちゃんは、お供え物を入れる銀のカップや小皿を一つひとつ水洗いし、用意してきた七種類のフルーツジュースをカップに順番に注いだ。私はそのしぐさに見とれてしまった——小さなペットボトルやドレッシングの容器に入った色とりどりのジュースが、おとなしくカップに収まっていくさまに……。それから、おばあちゃんは摘んできたばかりの小さな白い花を小皿の上に丁寧に並べた。私は吸い寄せられるようにその指先を見つめた。不思議だった。おばあちゃんが指を触れると、どの花も妙に垢《あか》ぬけて、軽やかに花びらを広げ、急に洗練されたように感じられるのだ。

「ほら、ぼんやりしてないで、手伝いなさい」

たぶん、おばあちゃんはそう言ったのだろう。私は小皿を持って仏像の前へ飛んでいき、手を合わせ静かに目を閉じた。

おばあちゃんの夫は、二十三年前に亡くなった。四人の子どもたちが、まだ小学校や中学校や高校へ通っていた頃のことだ。

私とおばあちゃんは菩提樹《ぼだいじゅ》の前に立ってお香を焚《た》き、おばあちゃんがお経を唱えた。それから、水を張ったプラスティックの壺《つぼ》を一つずつ手に持って、菩提樹のまわりをぐるぐる歩き回った――おばあちゃんは大きな声でお経を唱えながら、私は無言のまま後ろにくっついて。

三日目の朝、窓の外には細かい雨が降っていた。白い帽子を頭にちょこんとのせて、ほうきを動かすおばあちゃんの姿が、裏の戸口からチラッ、チラッと見えた。それは布でできた古い帽子だった。すでに形がくずれ、布が擦り切れ、頭にのっていなければ、帽子だとは気づかないような代物だった。ただし、色だけは真っ白で、年季を一切感じさせない清らかさがある。帽子も服もタオルも食器も、おばあちゃんの持ち物はすべて清潔に洗い上げられ、必ずやってくる出番をそれぞれの持ち場で待っているのだ。

この程度の雨粒であれば、普通の人は髪を覆うことさえ考えない。

その日は、彼が仕事を休んで、兄嫁の実家へ連れていってくれることになっていた。茶畑と茶工場を見学したあと、段々畑に囲まれた田舎の民家に村人が集まり、お坊さんをたくさん呼んで儀式をするのだと聞いていた。出かける前に、私と彼はもぎたてのココナツの実を割り、新鮮なココナツジュースをたくさん飲んだ。それから軒の下に椅子を並べて、朝ごはんを食べることにした。

今朝のサンボルは、若いココナツの内皮を和えたものだった。その舌触りは白菜のキムチに似ていたが、辛さはキムチの比ではなかった。食べはじめてすぐ、口の中が火の海になった。そうなるともう、食べる行為を止めることはできない。ごはんを運ぶ右手の動きが無意識のうちに加速し、あっという間に唇が痺《しび》れ、鼻水が流れ出てきた。

「青こしょうの粒は、口に入れないで」

彼にそう言われる前から、私は粗くつぶした青こしょうはもちろん、ぶつ切りになった青唐辛子も指先ではじいて、間違えても食べないように気をつけていた。舌がヒリヒリ焼けつき、右奥歯のまわりがズキズキ痛んだ。その痛みへさらなる痛みを重ねるように、私はどんどんサンボルを口内へ突っ込み、口の右側だけを使って刺激の塊を嚙みつぶした。途中で小休止することも、水を飲むことも、痛みのない左サイドへバトンタッチして嚙むこともできない。一旦にらみつけたごはんの山から視線を外すことも、鼻水を拭くことさえできなかった。皿の表面を手でしごくように最後の米一粒までしっかりかき集めてかぶりついたあと、私は勢いよく椅子から立ち上がり、流しへ直行して皿と右手を洗った。それから、音を立てて洟《はな》をかんだ。

私は日本で毎日三回、ごはんを食べて生活している。パソコンを見ながらコーヒーを飲み、考えごとをしながら料理し、ラジオや音楽を聴きながら胃の中に何かしらを詰め込んで生きている。忙しさにかまけてファミレスに立ち寄り、ストレスをためてジャンクフードに手を出し、深夜の空腹をインスタントラーメンで抑え込む。ストレス解消のために食べた脂っこい食べ物が、体内を悪い油で侵し、結局は不愉快さばかり増していく。もっと手軽に効率的に、時間を短縮するためにと、パッケージに入った食品を買い込み、たくさんのゴミを出し、その処理が余計に面倒になる。いつもは右奥歯で噛んでいるのか、左なのかさえ分からない。茶碗に盛られた米の形を注意して見つめたことなどない。昨日何を食べたのか、いつ食べたのか、どんなふうに食べたのかすら思い出せない。

冷蔵庫でシナシナになった野菜に、化学調味料がたっぷり入ったドレッシングをかけて食べた。箸を握りしめたまま電話に出て、「もしもし」と誰かに言った。ごはんを食べているようで、もしかすると私は、洟をかんでいたのかもしれない。

朝食を食べ終わると、彼は朝の水浴びをして出かける支度を始めた。その間、私は椅子に座って、本を開いてのんびりしていた。すると、白い花をつけた木の下に、長い木の枝で作った竿《さお》を持ったおばあちゃんが現れた。二股《ふたまた》になった竿の先を花の根もとにあてて回転させると、枝から外れた白い花が、ひらひらと宙を舞い地面に落ちた。ひらひら、また、ひらひら、と。

私はヘルメットをかぶって、彼のバイクの後ろにまたがった。おばあちゃんは、白い花びらでいっぱいになった箱を持って歩いてくると、ニヤッと入れ歯を見せてから、キッチンのほうへ消えた。あれだけの分量の花があれば、おばあちゃんが昼食に一人で食べつくしてしまうこともないだろう……。山道でバイクにつかまりながら、そんなことを考えていた。

村での華やかなひとときを過ごし、家に戻ると、もうほとんど日は暮れていた。彼は疲れて、夕飯も食べずにベッドに入ってしまった。私は居間の椅子にぽつりと一人で腰掛けて、おばあちゃんが夕飯に誘ってくれることを秘かに期待しつつ、読んでもいない本を開いて待っていた。すると、いつもの時間、夜九時過ぎに、タイルの上をこちらへ向かってくる素足の小さな足音が聞こえた。

白い花のサンボルは、意外にも香ばしい味だった。その辛さに引きずり込まれるように、私は花びらを無心に口へ運んだ。ごはんが半分くらいなくなったところで、おばあちゃんがやってきて、カレーをもっと食べるか、としぐさで訊いた。私は、「オウ」と答えた。かぼちゃといんげんも足そうか、と訊かれ、もう一度「オウ」と答えた。それからおばあちゃんは、赤米をお玉に山盛りすくって合図した。大量だった。私は、オウの反意語を言おうとして、その単語をまだ覚えていない自分に気がついた。この家に来てからずっと、「オウ」とばかり言っていたからだ。うやむやに答えているうちに、おばあちゃんはごはんを皿にのせた。皿の上には、食べはじめたときと同じような米の山が再び出来上がってしまった。それから、おばあちゃんは何も言わずに、スプーンですくったサンボルをごはんの山にぽとりと落とした。

第三話

水

――スーダン

こめかみから伝いおりてきた玉の汗が、あごの先から床に落ちた。私はプラスティックの椅子に前かがみになって座ったまま、いくつもの汗の滴《しずく》がコンクリートの床に浸み込み、一つずつ順番に乾いていくさまを見つめていた。息を吸い込むたびに、熱の塊が肺の内側から胸を圧迫し、息苦しさのあまり思考は停止状態だった。首筋や額を流れる汗を拭うことも、手の甲に浮かび上がる塩の結晶を拭き取る気力もわかない。気温約五十度。陽が沈むまで逃げ出すことのできないサウナに閉じ込められている気分だった。

エジプトから船に乗ってナイル川を南下し、スーダンへ入国した。国境の町ワディハルファは、緑に乏しいうえに眩暈《めまい》がするほど暑い町だった。船上で知り合ったスーダン人の青年とともに船を下りた私は、そこから交通手段を探して彼の生まれ故郷、アブリ村を目指すことになっていた。けれど、アブリは川沿いの村の中でも主要道路から外れた場所に位置していて、村へ向かうバスがないうえに、ヒッチハイクできそうなトラックすら見つからなかった。

町で足踏みをしていた二日目の午後、私は暑さにたまりかね、せめて水でも浴びて熱を冷まし、二晩流していなかった汗と汚れをすっきりさせようと考えた。宿の庭に設置されたドラム缶の中を覗き込むと、多くの不純物が混入し、薄茶色に濁った水が見えた。私は少したためらったあと、右手の先を水の中へ突っ込み、慌ててその手を引き抜いた。熱湯だった。ぬるま湯ではない、熱湯だった。ドラム缶からあとずさり、顔面の汗をTシャツの袖で拭った。そして青年を見つけると、もう正直に言うことにした。

「あなたの村へ行きたかったけれど、いつまでもトラックを待って、この町に留《とど》まることはできない。早くハルツームへ行って水浴びがしたいの。ごめんなさい。とても魅力的な提案だったけれど、暑さに慣れていないので……」

もっと大きな町を経由して首都ハルツームへ向かうルートなら、バスでもエアコン付きの車でも交通手段はいろいろある。私は一刻も早くサウナのようなこの町を抜け出し、涼しい場所で思いきり息を吸いたかった。それに、クーラーも扇風機もないような小さな村へ辿《たど》り着いたあと、また沸騰した泥水に手を突っ込んでやけどをするようなことにでもなれば、いずれにせよ気持ちが折れてしまう気がした。すると青年は、「いま、一台のトラックと交渉しているのでもう少し待ってほしい」と言った。

「アブリへ行けば、きっとこの苦労が無駄でなかったとわかるはずだ。村に着いたら、僕の実家の清潔な水で、好きなだけ水浴びをして、ナイル川の美味《おい》しい水をお腹いっぱい飲めばいい。アブリには水の恵みがある。暑いけれど、緑豊かで、人が穏やかで、ヌビア族の快適で美しい建築物がある。少なくともここよりは過ごしやすい。きっと君も気に入るはずだ」

私は、枝いっぱいに緑の葉を広げた大樹の陰で、バケツたっぷりの透き通った水を頭からかぶる瞬間を想像しながら、彼の言葉に頷いた。そして、生温かいプラスティックの椅子へ再び尻をつけ、灰色の床を見つめた。

夕方、一台のトラックがつかまった。太陽はまだまだ高い位置から、砂と岩に覆われた大地を厳しく睨《にら》みつけていた。私たちを乗せたトラックは、ラジエーターの水をあっという間に沸騰させ、そのたびにボンネットを開けて休憩しながら、まずは近くの集落へ向かった。青年が知人の家へ荷物を取りに行くと言うので、私も一緒にトラックを降りた。土壁の家々のまわりに人影はなく、強い西日に外壁を焼かれながら、集落全体が押し黙っているようだった。

私たちは、一軒の民家の前まで来ると、門をくぐって中へ入った。家の中は、外見からは想像できない豪華さに彩られ、重厚な家具や美しい調度品で飾られていた。家の人々に挨拶をすると、奥の部屋から出てきた少女が、水の入った大きなコップを私にさし出した。私はコップを受け取り、その中の透き通った水を見つめたまま立ちつくした――衛生上の理由から、私はペットボトルの水しか飲まないようにしていたからだ。けれど、硬直する私の顔を窺《うかが》い見ていた少女と目が合うと、私は礼儀としてコップの端に口をつけた。ヒンヤリとした液体と一緒に土やカビの味がほのかに口内へ広がった。その水は、おそらくナイル川沿いの集落一帯で使われている土製の水甕《みずがめ》に溜められていたものと思われた。私はほんの二口ほど飲んだだけで、まだ水の入っているコップを少女に返し、「ありがとう」と言った。少女はコップを受け取り、きょとんとした顔で私を見つめた。

再びトラックが走りだすと、私たちを苦しめ続けた太陽が、ついに地平線の向こうへ退いた。私は、ペットボトルの中でしっかりと煮えきった、甘くて気の抜けた炭酸飲料を飲みほし、最後に残ったわずかなぬるま湯で口内の粘りをとってから、荷台に仰向けになり夜空を見上げた。吹きつけてくる熱風はまだまだ体温より高く、ほどなくして再び喉の渇きに襲われた。

あの集落で、少女に返してしまったコップの水が、後悔とともに脳裏に甦《よみがえ》ってきた。あのとき、生水《なまみず》を警戒するあまり私の心は動揺していた。あの水がどれだけ冷えていて美味しく、それがいかに特別なことだったのかに気づくことができなかった。その水の貴重さを理解する余裕も、水を味わう度胸もなかった。そして、いま頃になってふと気がついたのだ——水甕の水は、なぜかよく冷えていた、と。

砂煙を巻き上げながら、トラックは夜道をゆっくり進み、ある集落まで来るとブレーキをかけた。荷台に乗っていたひと組の親子がトラックを降りると、まわりの乗客が荷台に立ち上がり、突然出現したコップの水をまわし飲みしはじめた。私は慌てて立ち上がったが、ぼやぼやしているうちにトラックは走りだしてしまった。

夜もふけた十時過ぎ、再びトラックが停車し、一緒に乗ってきた女性たちが下車することになった。私は彼女たちにお別れを言い、今度こそと期待を込めて荷台の縁に立った。すると、女性たちが向かった民家の灯りが大きくなり、中からコップを持った子どもたちが飛び出してきた。他の乗客が手を伸ばし巨大なコップを受け取ると、荷台は水のまわし飲みに沸いた。私は喉を鳴らして五口飲み、残りを隣の男性に渡した。コップの水は、案の定とても冷えていて、土とカビの味が抜群だった。

トラックは深夜になって、ついにアブリに着いた。私は青年の家族に挨拶し、広い敷地を泥壁で囲ったヌビア建築の門をくぐった。内壁は鮮やかな水色に塗られ、それだけで空気が三度くらい涼しくなった気がした。そして壁の前には、立派な水甕が備え付けられていた。私は荷物からマイカップを取り出すと、家族に断ってから甕の水をすくって一息に飲みほし、続けざまにまた水をすくった。

青年の姉の案内で、私は敷地内の納屋に設置されたプラスティックの大きな水桶《みずおけ》と、小さな手桶の置き場所を確認した。けれどすでに夜はふけていて、灯りのない納屋は水浴びをするには暗すぎた。私は水を入れた手桶を持って納屋の外に出て、月明かりを頼りにミニタオルを水に浸し顔を拭いた。肌の表面を覆っていた汚れの膜が剝がれ落ちると、皮膚はより敏感に大気の揺れを感じとり、毛穴は呼吸を再開した。私はまたタオルを浸し、首筋を拭いた。腕を拭いた。腰まわりを拭いた。あまりの気持ちよさに、手を止めることができなくなっていた。そして濁った水を捨てると、納屋の闇の中へ、また新しい水を求めて入っていった。

眠りにつく前に、青年は水さしを持ってベッドの脇に現れ、「たくさん水を飲んでから眠るように」と言った。三百ミリリットルのマイカップの縁すれすれまで注がれた水を、私は一気に飲んだ。彼は、「もう一回」と言って水を注いだ。私は二杯目も一気に飲んだ。けれど水を飲んだ実感はまるでなく、喉は依然として渇いていた。最初の二杯の水は、舌や口や喉の、どこにも当たった感触を残さず、あっという間に体のどこかへ吸収され、消えてしまったのだった。そして、三杯目の途中、息を継いだところでようやく、飲むという行為がどんなものだったかが感覚として戻ってきた。

翌日、私は青年のあとについて村の茶屋へ向かった。村はワディハルファと同様、気温五十度に迫る暑さだったが、通りにはところどころに木が生えていて、緑が目に映るたびに心は落ち着きを取り戻した。茶屋へ入ると、私は店主や他の客と挨拶を交わし、ミント入りの紅茶を頼んだ。初老の店主は、成長した青年の姿に目を細め、まずは私たちの体調を訊《たず》ねた。そして薬草を調合して作った苦いお茶を少量ずつ私たちに勧め、それからミント入りの紅茶と水タバコを用意した。青年はチューブをくわえ、他の村人と談笑を始めた——その村人は幼い日の彼に歴史を教えた村の学校の先生だった。

青年は水タバコのフラスコの中をポコポコ音をたてて泡立て、店の向かいにある作業場について語りはじめた。

「ここへ来ると、元気だった頃の父の背中を思い出す。あの作業場で、大工だった僕の父はいつも何か作っていたよ。たくましくて、よく働く男だった。僕は七人兄弟の末っ子でまだ小さかったけれど、父を手伝うのが大好きだった。父は僕の誇りだった」

作業場の鉄の扉は閉じられていた。その脇に立つ、よく茂った木が、扉の前に涼しげな陰をつくっていた。

「ここへ来ると涙が出る」

彼はゆっくりと煙を吐き出し、チューブの先にそっと唇を近づけた。

青年は村の中でも、若くして出世したラッキーボーイだった。彼は村での初等教育を終えると、ハルツームへ出て、ある外資系企業の面接に臨んだ。面接の順番を待つ人々は、彼を除く全員が大都市の大学へ進んだエリートばかりだった。彼はその列の中で、ただ一人だけヌビア族の衣装を身にまとい、西洋仕立てのスーツを着た教養ある男たちの中に交じっていた。

「するとね、一人のイタリア人の男が僕に近づいてきて、君はもしかしてアブリ村のあのときの少年ではないのかって訊いてきたんだ。僕はそうだと答えた。彼は僕を覚えていたんだ」

そのイタリア人は、昔、バイクでアフリカを縦断中にアブリ村へ立ち寄り、まだ幼かった頃の青年の家へ泊まっていった旅人だった。そしていまは、ハルツームにオフィスをかまえるビジネスマンになっていた。

「僕は好奇心旺盛な子どもだったから、異国の人が珍しくて、いつも彼にくっついていた」

無邪気に異国人を追いかけ、片言の英語を覚えたアブリ村の少年は、いつしか青年になり、学歴もスーツも身につけずハルツームへ行って仕事に就いた。彼はそれを〝奇跡〟と呼んだ。

積み重ねられた水タバコの炭が、いまにも転げ落ちそうだった。炭は白い灰で覆われ、そのわずかな隙間が朱色に発光していた。

「けれど、いまの仕事の契約が切れたら、僕はもう村へ戻って暮らそうと思う。僕は都会の雑踏やゴミだらけの通りが好きになれない。それから都会の孤独もね。あそこには僕の知り合いはいない。言葉も民族も全く別のスーダン人が集まっていて、僕は南部出身の人たちに、北部出身者という理由だけで殺されそうになったこともあるんだ。ハルツームには、僕の理解を超えたスーダン人が住んでいる」

私は、「契約はいつ切れるのか」と訊いた。「来年には切れるだろう」と彼は言った。「ハルツームでの稼ぎは、村とは比較にならない多さだよ。だけど、生活費も比べものにならないほど高い。僕は村へ帰って、小さなお茶屋か何かをやって細々と生きていく。この豊かな村で、家族や友人に囲まれて、僕は母の面倒を見ながらのんびりと暮らしていくよ。お金にならない仕事をして、お金を使う必要のない暮らしに戻りたいんだ。僕の父親が、この村で七人の子どもを育てたように」

彼は自分自身のことを、一度もスーダン人だとは言わなかった。〝ヌビア族の男〟と言った。

店の壁には、政府のダム建設によってナイル川の底に水没したヌビア族の村々と、水の利権争いに巻き込まれて傷ついた人々の写真が貼ってあった。ナツメヤシの栽培によってささやかな繁栄を続けた村々の歴史は、近代化の波にのまれ途絶えた。青年は黙って水タバコをくゆらせながら、茶屋の表通りをずいぶんと長い間眺めていた。

　アブリに着いてからは、私はもうペットボトルの水は飲んでいなかった。喉が渇くたびに、マイカップを持って家族の部屋へ行き、水甕から水をもらって飲んだ。それは合理的な選択だった——すぐに湯になるペットボトルの水とは違って、水甕の水はいつも一定の冷たさに保たれていたからだ。私は毎日、朝から晩まで水を飲んで過ごした。そして、水をもらいに行くたびに、青年の母親と無言の挨拶を交わした。

　滞在三日目の昼前に、彼の母親の案内で一家の畑とナイル川を見学することになった。母親は一歳の孫娘を抱き上げ三歳の孫娘の手を引くと、私には、空になったペットボトルを持っていくようにと身振りで示した。畑と川とペットボトルにどのような関係があるのかは不明だったが、理由を訊こうにもそもそも言葉が通じなかった。私は母親の後ろについて、近所の畑を通り抜けた。青々と葉を広げたオクラ畑があたり一面に広がり、鈴なりになったナツメヤシの黄色い実が、収穫の時を待っていた。その遥か向こうに、水路の整備に精を出す十六歳になる孫息子の姿が見える。

　母親は孫息子に言葉をかけ、その横を通り過ぎると、そのままナイルの川岸へ向かった。薄緑色の大河の流れは、想像以上に速く、水面は波打ち、水底で磨かれた色とりどりの丸い小石が、岸辺をどこまでも彩っていた。私は、母親や孫娘たちと一緒に特別に綺麗な小石を拾い、彎曲《わんきょく》した灌木《かんぼく》をいくつか集めた。母親は二人の孫を座らせ、「ナイル川をバックに写真を撮ってほしい」と言った。私はファインダーを覗いた。微笑《ほほえ》む三歳の孫の横で、一歳の孫はよそ見ばかりした。母親は気をひくために何度もレンズの横で手を叩き、そのうちに、歯の少ない口もとを手で覆いながら笑いだした。

私たちが畑へ戻ると、孫息子が造り終えた水路に、透き通った水が勢いよく流れ込んでいた。ナイル川からポンプで汲《く》み上げ、三層式の浄水タンクを通した水は、畑の作物の成長を助け、働き疲れたロバを労《いたわ》り、ひと仕事終えた孫息子の喉の渇きを潤した。水は、放水口から心地よい音を立てて飛び出し、強い陽光を受けて輝いた。空のペットボトルを持った私の手が、自然と水へ伸びた。

ナイルの水には味があった。それは深層水のようなかすかなしょっぱさと硬水独特の粉っぽい舌触りを足したような味だった。

「僕たちはペットボトルや井戸の水より、ナイルの水を好んで飲む。健康的で美味しくて、作物だってよく育つ。なぜならナイルの水には、たくさんの栄養が入っているから」

青年は、ナイルの水をそんなふうに自慢していた。もちろん、含有成分についての科学的な根拠は何もない。ただ、村人の舌と肉体がこの水を知りつくし、豊かに実った作物が、その全てを簡潔に証明している。

第四話

野菜スープと羊肉

――モンゴル

薄手のフリースの上にレインジャケットをかぶり、両手をポケットの中で温めながら、私は夜のキャンプのことを考えていた。夏用のテントに、使用限界気温が十二度のシュラフ。マット代わりに背中の下へ敷いているバスタオルの存在が、初めは憂鬱に、けれど次第に笑うべき冗談か何かのように思えてきた。どうにかなるだろうという根拠のない自信と、なるようにしかならないという諦めとがないまぜになり、ふと笑いだしたくなったのだ。

モンゴルの首都ウランバートルを出発しキャンプ生活を始めてから、ちょうど一週間になろうとしていた。その日、私たちを乗せた車は山岳地帯をゆっくりと進んでいたが、あいにくの天気で地面はぬかるみ、車は何度も立ち往生した。私は、同乗者のイスラエル人旅行者三人と一緒に車を降りて、運転手の指示で集めた石を泥の中で空回りするタイヤの下へ投げ入れたり、パンクしたタイヤの交換作業が続く車のまわりでビスケットを齧《かじ》ったりしながら時をつぶした。雨は、標高によってみぞれや雪に姿を変え、四度まで落ちた気温が、夜の訪れとともに氷点下になることは容易に想像できた。モンゴルの短い夏の盛り、七月上旬のことだ。

灰色の空の下に広がる、さっきから一向に変わらない景色を眺めた。集落もひと気もなく、動物の気配すらなく、ただ雄大なだけの自然が遅い日暮れを待っていた。が、次の瞬間、割れた大地の隙間を何かが走った。青い布……、青い光沢のガウンが煌《きら》めき、揺れた。私は慌ててカメラに手をかけ、両目を見開き身がまえた。ガウンは、いったん地中に姿を消したあと、再び視界の中へ這い上がってきた。民族衣装をまとった青年が茶色い馬にまたがり、突然目の前に現れたのだ。

青年は運転手に近づき、短い言葉を交わした。それから手綱を短く握りなおすと、巧みに馬を操って地面の凹凸をかわし、やってきたほうへ戻りはじめた。車は、どうにか泥から這い出すと、馬よりも遥かに遅い速度で青年の背中を追いかけた。

青年の家族が所有する三つの移動式住居〝ゲル〟のうち一つが私たちにあてがわれ、中へ入るとすぐに、乾燥させたヤクの糞《ふん》が大きな籠に盛られて運び込まれてきた。私たちは、部屋の中心に置かれた鉄製のストーブの中へヤクの糞を詰めた。持っていた段ボール箱の縁を無造作に千切って火を点《つ》け、糞のまわりへ放り込んだ。それからカセットコンロを床に並べて湯を沸かし、まな板の上で野菜を刻んだ。パンに生えたカビを払い、数日前に草原で摘んだ雑草を野菜や調味料と一緒に湯の中へ入れた。緑色の短い草は前向きに表現すれば、ねぎのような味だといえなくもない。夕飯はいつもと同じ雑草野菜スープだったが、同乗者の一人が厳格なベジタリアンである以上、みんなで仲良く草食化することは、旅の平和と協調を図るうえで必要なことと理解していた。私は肉が好きだった。

ゲルテントの中は、排煙口から落ちてくる光で思いのほか明るかった。天井の円い穴を中心に光はテント内へ広がり、慌ただしく夕飯の支度をする私たちの手もとを照らしていた。北緯四十七度付近。モンゴルの夏の日は、夜の八時になってもまだまだ暮れる気配すらない。私は、段ボール箱を乱暴に漁《あさ》り、プラスティックの皿とお椀、フォークとスプーンを取り出した。お腹は、すでにぺこぺこだった。

調理をしている間、もうすぐ口の中へ入る食べ物のことのほかに、一つだけ気になっていることがあった。それは、テントの隅で胡坐《あぐら》をかいてじっとこちらを窺っている老紳士の存在だった。一家の主と思《おぼ》しき紳士は、光沢のある茶色いガウンを羽織り、光や熱が最も届かない部屋の端から、凝視するでもなければ無視するでもない泰然とした態度で、こちらの様子を見ていた。

紳士は時折、近くにいる運転手と短い言葉を交わしたが、その声はとても小さく、私には音としてではなくしぐさとして認識できる程度だった。素早い動作と騒音を立てることだけが取り柄だった私たちとは対照的に、紳士の動きは簡略化され、必要のない一切の音が取り払われていた。

鍋のスープが煮えると、なんとなく間をもてあまして私はうろたえた。紳士とスープと私たちの関係を、どのように取り持てばよいのかが分からなかったからだ。紳士は年長者で、一家の主で、私たちを家へ招き入れ助けてくれた恩人で、さらに、モンゴルの大自然を人生の庭として生き抜いてきた猛者《もさ》であり、威厳ある男だった。私たちは紳士に対して敬意を示さなければならない立場にあったし、それはまた私たちの願いでもあった。けれど、あらためて考えると、その場にふさわしい〝敬意〟の表し方について明確な行動基準があるわけではなかった。

雑草野菜スープをまずは紳士に勧めるべきか、そんなことはすべきでないのか……。結局、私たちはその中間を選択し、責任を曖昧にすることにした。うやむやな空気に身を任せつつ、雑音に言葉を混ぜ込むように、明るく笑いながら若い学生のガイドに言った。

「スープが出来たんだけど、もしよかったら食べてね。彼（紳士）にも、いかがですかって、訊いてみて。雑草野菜スープ。味はまあまあってとこだけど」

ガイドが言葉を訳す間、私たちは動きを止めて沈黙し、耳を澄ませた。

紳士の口が静かに開いた。

「少し、食べてみたいですね」

「もちろんです！　どうぞ」

声を揃《そろ》えて私たちはそう答え、スプーンやお椀を即座に手に取ると、お玉でスープをかき混ぜた。すると紳士がまた言った。

「私は、生まれてから一度も、野菜を口にしたことがありません」

紳士はそこで言葉を切った。私はその話の先にある彼の真意を慮《おもんぱか》った。野菜を食べたことがない、だから「食べてみたい」のか、「本当は食べたくない」のか。私は戸惑い、ストーブの脇にぼんやりと立ったまま、モンゴルの山や平原や砂漠で営まれる遊牧生活を思い描き、その光景の中に〝野菜〟が登場する可能性について考えた。キャベツ、にんじん、たまねぎ。たしかに……、どれも自然には生えてこない。野菜を目にすることができるのは、どこかの村落の市場だけだった。そして大抵の村落は、数十キロ、数百キロも離れて点在していて、その間に道と呼べる道はなく、移動手段は馬かバイクに限られている。遊牧生活をする限り、わざわざ野菜を買い求めるより、テントのまわりを走りまわっているヤギや羊の肉を食べ、ヤクの乳を飲むほうが、ずっと合理的なのだ。

それにしても紳士の食生活は、私の常識からすると、いささか不健康な気もした。そして同時に、一つの不安が頭をもたげた――人生初の野菜を口にして、紳士の胃袋は拒絶反応を起こしはしないだろうか。それが紳士にとっての興味本位の行動であれ、またはわれわれ異国人に対する礼儀上の配慮であれ、あるいは味のよしあしや野菜の摂取が人体に与える影響がどうかということを超えて、ただ私は、紳士の体の中へ〝雑草野菜スープ〟なるものが取り込まれていくことに対する抵抗感を、どうしても拭い去ることができなかったのだ。

イスラエルの三人は、紳士の言葉を私とは異なるかたちで受け止めたようだった。彼らは嬉々《きき》としてスープをお椀に盛り付けると、スプーンを付けて差し出した。

「野菜を食べたことがないなら、ぜひ食べてみてください。野菜はとても体によくて、美味しいですよ」

紳士は手渡されたお椀の端にそっと口をつけ、スープをほんの少しだけ飲んだ。それからスプーンの端を持ち、ぎこちない手つきで中身をかき混ぜ、また少しだけスープを飲んだ。そして、わずかしか開かれることのない唇の隙間に、キャベツかたまねぎの破片が一つか二つだけ流れ込んでいった。紳士は、ほとんど表情を変えないまま、数回軽く頷いてお椀をガイドに返した。ガイドが現地語で問いかけると、紳士は謝意を表すしぐさをして見せた。振り返ったガイドが、私たちに言った。

「彼は、ありがとうと言っています。美味しかったと言っています」

「どういたしまして。美味しかったと言っていただいて私たちも嬉《うれ》しいです」

そう言いながら、イスラエルの三人はお椀をさげた。お椀の中身はさし出したときとほとんど同じで、縁にはねぎ色の雑草がぺったりと張り付いたままだった。

私は、取り分けられた自分用のスープを、たっぷりの野菜と一緒に咀嚼《そしやく》した。温かく栄養のある素晴らしいスープだった。紳士は「美味しかった」と言ったのだし、何も心配することはない。私は、まだ胸のどこかでくすぶっている違和感を、煮えた雑草の固まりと一緒に飲みくだした。

夕飯が終わりあと片付けが一段落すると、私たちは隣に立てられた老紳士一家が暮らすテントへ招かれた。天井が高く、中の空間は広々としていて、模様の入った床の敷物やベッドカバーが室内に豊かな彩りを与えていた。テントを支える中央の水色の柱のまわりには、煌《きら》びやかな食器や装飾品が並び、金や銀の包みに入った大量のキャンディーが山積みになっていて、上には大きなリボンがかけられていた。

入り口から一番離れた正面のベッドに紳士が座り、その右隣のベッドに青いガウンの青年と若い女性、それから左側のベッドに私たちが並んで座った。まずは歓迎の杯が酌み交わされることになり、私たちの代表として四人の中で唯一の男性であるイスラエルの旅行者が、ウォッカの入った鉄製の杯を受け取った。それから紳士は、運転手やガイドの青年に杯を向けたが、私たち女性旅行者三人は、ゲル内という社交の場においてその存在を認められていないらしく、形式的な儀礼や会話、アルコールの輪からほとんど除外されていた。実のところ私は、男性世界の外側から状況を静観できることを、不思議と心地よく感じていた。性別を理由に疎外され、紳士のもてなすべき対象から外れることで、紳士が野菜スープを口にしたときに波立った心が奇妙に落ち着いていったのだ。

さらに言うと私は、アルコールよりも、むしろキャンディーのことが気になっていた。こんなにたくさんのキャンディーをいったいどうするつもりなのか。大事そうに飾っているのは何故なのか。いつ食べるのか。まだ食べないのか。他にも、キャンディーを囲むように置かれた数々のお菓子が、天井の穴からさし込む光を受けて鈍く輝き、謎めいて、そしてたしかに私を見つめていた。

「たくさんのキャンディーですね」

私は誰に対してでもなくキャンディーに向かってそう言うと、ガイドのフォローを待った。するとガイドが私に言った。

「これは、結婚式の飾りです。彼らはつい最近、結婚しました」

どうやら、青年とその隣におとなしく座っているあどけない顔をした女性は、キャンディーを囲んで婚礼の儀を終えたばかりの、新婚ほやほやらしい。

「おめでとうございます！」

私たちは、やや興奮気味に祝いの言葉を二人に贈った。二人は何事かと思ったらしく、ガイドに通訳を求め、そしてそれが婚姻への祝辞であったことを理解すると、少しだけ体を前後に揺らした。青年は、ほんの一瞬だけ表情を緩め、彼の父親である老紳士のほうへ視線を向けたが、紳士の態度は変わらず確固たる様子で、青年の頬の筋肉もすぐ元どおりに引き締められた。

青年も紳士も新妻も、誰も何も言わなかった。彼らは、照れたり笑ったり、頭を揺らすことさえしなかった。青年や紳士の顔は、日に焼けて逞《たくま》しく、深い水を湛《たた》えた両目が、天井からさし込む光を受けて灰色やうぐいす色の鋭い光を放っていた。

青年は二十歳を少し超えたばかりの若さだったが、一人前の男として認められ、またそれにふさわしい風格をすでに獲得していた。自在に馬を操り、妻をめとり、広大な自然空間に存在するあらゆるものをそのエキゾティックな眼光で射抜き、大地を駆け巡る。厳しい環境を生き抜く技術と家族を守る知恵を身につけ、青年は成長し、成人した。

さっきからテントを出たり入ったりしている紳士の妻らしい女性が座に着くと、今度は皿にのった肉の塊が、ナイフと一緒に私たちの前へ差し出された。羊かヤギの肉片には大きな脂身がくっついていて、蒸し焼きになった肉は、比較的ジューシーで柔らかそうだった。私は、ガイドが切り分けた小さな一切れの肉を摘《つま》んで口へ入れた。ラードのような冷たく濃厚な脂が、独特の臭みとともに舌へ広がり、筋ばった肉の嚙みごたえが、久しぶりに顎の筋肉を刺激した。その味は、美味《うま》いか不味《まず》いかという基準で判断できるものではなかった。ただ、取り込まれた肉や脂が、必要なエネルギーとなって体内で燃えるような感覚だけを私の中に残した。

脂がべっとりとついた指のやり場に困りながら、私は紳士の顔をそっと盗み見た。光の角度のせいか、あるいは天気が回復し明るさが増したのか、顔面に彫りこまれた深い皺《しわ》がよりいっそう際立って見えた。中央の柱の水色も鮮やかさを増し、丁寧に描かれた精緻な模様の一つひとつが、よりはっきりと輪郭を現している。

私は柱伝いに天井を見上げた。円形の木枠の内側に十二支の動物が描かれていて、光を浴びた白い羊が浮き上がって見える。どうやら、黒い雲が去ったようだ。

九時半を過ぎても明るい天井の穴を、私はしばらくの間ぼんやりと眺めていた。老紳士や青年や妻たちが、毎日、そして何年、何十年と眺めつづけてきた空が、穴の向こうに顔を覗かせていた。彼らは、雲の流れや陽の傾き、季節の移り変わりをこの穴を通して見極め、穴を閉じたり開けたりしながら、室内の明るさや温度や湿度を絶妙にコントロールして生きてきたのだ。私は指先についた脂を、かさかさになった手の甲へハンドクリーム代わりに擦りつけ、それから真っ白な羊の絵にそっとカメラを向けた。

翌朝テントから外へ出ると、前日とは打って変わって快晴だった。朝の光が、視界に映る全てのものに照り返り、朝露に濡れたあたり一面は、まるで宝石箱をひっくり返したような輝きに包まれた。真っ青な空の下、女性たちがヤクの乳を搾《しぼ》り、男性たちによる羊の解体作業が始まっていた。

私は、白いテントの前で忙《せわ》しなくキャベツを食《は》んでいる一頭の黒い子ヤギを見つけた。夕飯の野菜スープに使ったキャベツの切れ端を貪るように食べている。愛くるしい子ヤギにカメラを向けながら、前夜の雑草野菜スープと脂ののった肉片の味を思い出し、恥ずかしさに思わず顔をゆがめた。

第五話

ジャンクフード

――ボツワナ

「何でも欲しいものを言ってね。支払いは私がするから。お金のことは心配しないで」

女性は売店からバスの中へ戻ってくると、私の隣に座ってそう言った。そして、使い捨て容器に盛られたフライドチキンとチャーハンとサラダを、フォークを使って食べはじめた。

私は、二十歳過ぎと思われる若い女性に笑みを返して、「ありがとう」と言った。

「でも大丈夫。次の街に着いたらＡＴＭでキャッシングして、それから食事にするわ」

フライドチキンとチャーハンの強い油臭が漂ってきて、私は空腹を紛らわすために視線を窓外へ向けた。陽の傾きはじめたサービスエリアの駐車場に、一組の親子の姿が見える。父親と幼い息子は、パリの街中を歩く親子と同じような服を着て、フライドチキンを食べていた。父親は穏やかな表情で息子に話しかけ、それから肉がまだ少しついているフライドチキンの骨を路上へ投げ捨てた。するとそこへ数匹の痩せた野良犬がやってきて、骨を囲んで牽制《けんせい》し合った。そして一番体の大きなオス犬が骨を独占すると、その場にしゃがみ込み、骨の端を齧りはじめた。

ボツワナは、噂に聞いていたとおり近代化の進んだ国だった。鉱物資源で潤うこの国の道路には、きれいにアスファルトが敷かれていて、その上を日本やヨーロッパ製の新車が高速でビュンビュン走っていた。経済崩壊に苦しむ隣国、ジンバブエの宿を日の出前に出発し、ポンコツ車とヒッチハイクで国境を越えてきた私は、昼過ぎにボツワナ第二の街に到着すると、まるでヨーロッパの街角へ戻ってきたような錯覚を覚えた。

美しい街路樹が立ち並ぶ歩道を歩き、国際金融機関のＡＴＭの前を通り過ぎ、私はすぐさまバスターミナルへ向かった。キャッシングぐらいなら、いつでもどこでもできそうな雰囲気だった。私はジンバブエで両替してきたおよそ二十ドル分のボツワナ・プラだけを持ってバスに乗り込んだが、あろうことかバス代を支払った途端に一文無しに転落したのだ。先進国並みの便利さを享受するには、それに見合うコストがかかる。その至極あたりまえの事実に気付いたときには、もうバスは走りだしていた。夜の十時にバスがようやく目的地に到着し、ＡＴＭに駆け込むまで、空になった財布は私の胃袋を苦しめつづけた。

隣の席の女性は、とても都会的な身なりをした、購買意欲溢れる若者だった。彼女はスカーフやピアスをファッショナブルに身につけ、大きな取っ手の付いたハンドバッグの中に、ラメの入った財布を入れていた。バスの中へ物売りたちがやってくると、その財布の中からは、紙幣やコインが次々と景気よく飛び出していった。彼女は迷わずアクセサリーを買い、ミュージックＤＶＤを五枚まとめて購入し、それからペットボトルの水やフライドポテトの代金を惜しげもなく支払った。その横で私は、空になった財布の中身を、熱心な物売りたちに見せて言った。

「残念ながらキャッシュがないの。クレジットカードが使えるならすぐにでも買いたいけれど……。ほら、見てのとおり空っぽなのよ」

こんなやりとりを見ていた彼女が、「代わりに払いましょう」と何度か申し出てくれていたのだ。けれど、私はその申し出を頑として断りつづけた——経済大国から来た人間のプライドとして、そして何よりも、彼女よりいくらか年上の女の意地をかけて。

チキンをすっかり食べ終えると、彼女はいささかはしゃいだ態度で一枚の証明写真を取り出し、私の目の前にかざした。ネクタイ姿のアジア人が表情のない顔で写っている。

「見て、私のボーイフレンド。彼、中国人なの。とっても可愛いでしょ？」

おそらく、中国人と日本人の区別など彼女にはないだろうと考えながら、私はその写真を熱心に見入るふりをして彼女に訊いた。

「彼は、ボツワナに住んでいるの？」

「ええ、仕事でこっちに来ていて、首都に住んでいるわ。昨日まで彼のところに居たんだけど、ちょうどいまから自分の街に帰るところなの」

私は、「彼と離ればなれになるのは寂しくないですか」とありふれた質問をした。

「もちろん寂しいけど、でもまた会いに行けばいいから」

彼女は寂しそうな様子を全く見せることなく、ただうっとりとした目で写真を見つめた。

「あなたはラッキーだわ。それに彼だって、本当に幸運な男ね」

私は、やや大げさにそう言って彼女に笑みを投げ、それから視線を窓の外へやった。乾燥した大地には、枝葉の極端に少ない木々が点在し、まるで乾きを耐え忍ぶかのように押し黙ったまま、夜の訪れを待っていた。私はだらりと目を閉じた。タイヤの細かい振動が胃袋やみぞおちを圧迫し、首筋や目の奥にまで鈍い痛みを感じた。

「ところで今夜はどこへ泊まる予定なの？」

声を聞いて私は目を開け、ゆっくりと隣を見た。

「もしよかったら、私の家へ泊まっていってね。たぶん到着は九時を過ぎると思うし、それからホテルを探すのは面倒よ。ママがバス停まで車で迎えに来てくれるから心配しないで。それから明日は、北部にいる叔母の家へ行くんだけど、あなたも一緒にどうかしら」

ありがたい提案だったが、私は答えに迷った。私はその前の三日間、ずっと移動ばかりしていて体はとても疲れていたし、シャワーも二晩浴びていなくて下着すら替えていなかった。ボツワナの近代的な街へ着いたら、まずはホテルにチェックインしてホットシャワーで体を癒やし、汚くなった下着を洗い、翌日は昼まで寝坊して、たまった仕事やメールを片付け、カフェで寛《くつろ》ぐ算段なのだ。けれど……、と私は思いなおした。窓外の木々は次第に闇に埋もれ、その輪郭はもうはっきりとは識別できなくなっていた。いったい私の乗ったバスは、こんな夜ふけにどんな街のどこへ停車するつもりなのか。どれだけの街灯が道を照らし、どんなタクシーがどんなホテルへどれだけの料金で連れていってくれるのか。ハッキリいって全てが不明で、それは不安と直結していた。

私は、彼女の親切な誘いにのる意思と感謝の気持ちを伝えると、再び静かに目を閉じて、前向きな想像だけすることにした。彼女のように都会的な外見のご家族が、トヨタの新車で迎えに来る。タイル張りのシャワールームで汚れをきれいに落としたら、教養溢れるお父さまからボツワナ経済のお話を拝聴し、明日の朝は……、陽当たりのいい清潔なダイニングテーブルで、白いコーヒーカップを片手に、熱々のフライドチキンを……、きっと、私は食べている。

街に到着すると、私はＡＴＭでキャッシングしたお金を持って、ファストフード店へ立ち寄り、六五〇円のハンバーガーセットをテイクアウトした。彼女は一一〇〇円の缶ジュースを買い、その場で一息に飲みほして、「喉がとても渇いていたの」とさらりと言った。それから私たちは、かなり年季の入ったトラックに揺られ、郊外にある彼女の家へ向かった。

ヘッドライトが照らしだす道は砂煙に覆われて、二メートル先すら見えないほど視界は極端に悪かった。そして、トラックがエンストを起こすたびに、白いコーヒーカップの夢は頭の中から姿を消していった。

彼女の家の外観は普通だった。コンクリートでできた平屋に、窓や玄関が付いていて、フェンスで囲まれた広い庭もあった。けれど家に近づくにつれて、さまざまな〝予想外〟に直面することとなった。

まず、玄関のドアは蝶番《ちょうつがい》が完全に外れてしまって、ただ立てかけてあるだけだったし、案内されたリビングのソファは、激しく擦り切れて黒ずんでいた。ガラスの入っていない窓や、ドアの壊れた玄関口から、大量の砂が舞い込んできて、床も家具もテレビも、砂にまみれてドロドロだった。私はとりあえずソファに座ると、手も洗わずにハンバーガーに齧りついた。十四時間ぶりの食事は、眠っていた舌や食道を叩き起こしながら、収縮した胃袋の中へ味もなくゆっくりと落ちていった。

「ポテト、食べないの？」

横にいた彼女が、まだ手をつけていないポテトを指さし、私に訊いた。家の中には、彼女の母親と弟と妹と従妹《いとこ》とそのボーイフレンドがいて、彼らの視線は私のほうへ集中していた。もっと正確に言うと、私のポテトに集中していた。もう時刻は十時を過ぎていたし、彼女はサービスエリアで山盛りの夕飯をたしかに食べていた。バスの中にいる間中、スナックを買ったりジュースを飲んだりしていた。彼女の買ったＤＶＤは、いままさに、砂にまみれたＤＶＤプレーヤーの中で回転し、テレビ画面に映し出されている。私はＳサイズのポテトを手に取り、「いまから食べます」と言い放つと全部一人で平らげた。食べ終わると今度は、十六時間あまり排尿していないことに気が付いた。「トイレに行きたいのですが」と私は言った。すると彼女が笑いながらこう返してきた。

「家にはトイレがないので、通りの向こうの藪《やぶ》の中でしてきてください」

そこで私は、従妹と一緒に通りの向こうの藪へ向かった。従妹もまた二十歳くらいの、よく笑う女性だったが、彼女はヨレヨレの下着姿で、サンダルすら履いていなかった。私たちは月明かりの下で、少しだけ距離を置いて砂地へしゃがんだ――私は靴を履いて、従妹は素足で。そして用を足した私たちは、そのままの足であの砂まみれの家の中へと戻っていく……。

空を見上げると、砂煙の遥か向こうに、大きく黄色い月が霞んで見えた。

家に戻ると、私は自分の寝袋を取り出して就寝準備に取りかかった。乾燥地帯の夜は容赦なく冷え込み、砂交じりの冷気が大きな窓の穴から吹きつけてくる。私は服を重ねて着込み、庭にテントを張ってもよいか、と彼女に訊いた。

「外はとても寒いし、真っ暗なのでテントを張るのは難しいと思う。家の中で寝てください。でも、ベッドのマットは汚いので、どうすればいいか……。うちは貧乏なの」

「ならば、ソファを使わせてもらってもかまわないかしら？」

彼女は、ソファは汚いうえにあなたの体には小さすぎると言い、再び、「うちはとても貧乏なの」と言った。

「ソファで十分です。使わせてもらえるならとても助かるわ。ありがとう」

いずれにせよ他に選択肢はなく、私は寝袋をソファの上に広げた。すると彼女が言った。

「うちは見てのとおりとても貧乏なの。母親がパートの仕事をしている以外、誰も働いていない。お金がないの」

母親と十二歳の妹を除いて、従妹もそのボーイフレンドも弟も彼女自身も、二十歳前後の働き盛りにもかかわらず、誰も仕事をしていなかった。くわえて彼らは、教育制度の整ったボツワナで育ち、高校卒業レベルの学力を身につけ、見るからに健康的な若者だった。基本的にみんな何もすることがなく、彼女の暮らしといえば、遠方に住むボーイフレンドや叔母の家を時折訪ねることだけだった。

「では、働いてみてはどうですか?」

と、私は極めて一般的な提案をした。すると彼女は、仕事を得たければ美人でなくてはいけない、と言いきった。

「ボツワナはコネの社会です。会社はみんな家族経営で、血縁か特別なコネでもない限り、一般人は仕事など得られない。それか、美人ならボスとセックスをして、仕事をもらえるかもしれないけれど」

「じゃあ、セックスをすればどうですか?」と言う代わりに、私は寝袋へ両足を突っ込んだ——顔も手も洗わずに、三日目の汚い下着のままで。すると彼女は灯りを落とし、私の真横にマットを並べ、突然衣服を脱ぎ始めた。彼女はパンツ一枚になり、こちらへ身を乗り出してきた。

「ねえ、大丈夫? 眠れそう?」

私は、あらわになった彼女の巨乳から目を逸《そ》らしつつ、「問題ない」とだけ答えると、寝袋の中で硬直し両のまぶたを固く閉じた。

深夜にうなされ寝汗をかいて、私は一度だけ目を覚まし、そして翌朝目覚めたときには喉を痛めて発熱していた。隣の彼女は目を覚ますと、前夜と同じパンツ姿でこちらに身を乗り出して、「よく眠れた？」と私に訊いた。私の胸からわずか三十センチの距離に、彼女の巨大なオッパイがある。

「とても快適な眠りだった」

と私は嘘《うそ》をつき、彼女がオッパイを片付けるまで、しばらくの間彼女の両目をじっと見つめておくことにした。前日のバスの中で見たボーイフレンドの写真が脳裏に浮かび、彼女が散財するわけや服飾にカネをかける理由がなんとなく分かる気がした。彼女がボーイフレンドを訪ねて行くのは仕事であって、ファッションに気を使うのは、要するに「お金がない」からなのだ。

それから私は、彼女の立派な女の武器が前夜から自分に向けられている奇妙な状況について考えた。もしかすると彼女は、私を「アジア人の男」と勘違いしている可能性がある。私はアジアの男性の平均身長くらいの上背があり、髪も短い。そして何より私の胸は、彼女の五分の一ほどにしか膨らんでいなくて、フリースの下の私の武器など、彼女の視界には入ってすらいなかったのかもしれない。彼女がお尻を動かすと、連動して巨乳が左右に揺れた。それにしても……、と私は思った——こんなに大きなオッパイが無防備に目の前へ迫ってくれば、男なら誰だって性欲を掻き立てられるものなのだろうか……。

彼女が身支度を整える間、ソファに腰掛けてテレビのニュース番組を見ていた。すると母親がやってきて、疲れた顔で少しだけ微笑み、私の隣へ座った。それから母親は、小さな袋に入ったポテトチップスを、無気力な動作で食べはじめた。私たちは無言のまま、天気予報をぼんやりと眺めた。今日も晴れ。暑く乾いた一日がまた始まった。

彼女と私は荷物をまとめ、家の前からバスに乗り、街の中心へ戻った。私は、お金がないという彼女のバス代を支払い、叔母の家へ一緒に行こうという彼女の誘いを断った。そして、バスを降りるとさまざまな口実をつけて彼女からどうにか距離を置き、一軒の屋台へ駆け込んだ。

私は店のキッチンへ行き、この店で作れる食べ物を全てプレートにのせて出してほしい、と店の人に伝え、奥の席に着いた。食欲は全くなかったが、これ以上の体力低下は食い止めなければいけない。食パン、目玉焼き、缶詰の煮豆とコーヒーミルクが運ばれてくると、私はフォークで煮豆をすくって口の中へ入れた。すると一人の男性が斜め向かいの席に着き、私に向かってこう言った。

「君は、とてもハンサムだ」

私はフォークの手を止めた。熱で潤んだ目を向けて、男性に、「そう?」と訊き返した。

「ああ、とてもハンサムだ」

インスタントコーヒーを少しだけミルクに溶かし入れ、私はカップを口に運んだ。熱で嗅覚を失って味などさっぱり分からない。

第六話

BBQ

——香港

ナイフとフォークを慣れた手つきで操り、友人はプレートにのったピザを器用に食べはじめた。空港内のファストフード店は、到着フロアにあるにもかかわらず混み合っていた。誰かの到着を待っている間に、みんなお腹が空いてしまったのか、あるいは、機内食を食べそびれた人たちが、到着後真っ先にこの店に駆け込んできたのかもしれない。

私はピザに目をやったまま、彼に言った。

「あなたは、そんなふうにしてピザを食べるのね。ナイフとフォークを使って……」

彼は手を休めて少し考えてから、当たり前のように頷き、再び手を動かしはじめた。

「少し食べる?」と訊かれるたびに私は首を横に振り、この数年間に自分の身に起きた出来事を思いつくままに話した。さっき食べたばかりの機内食が胃袋から消えてなくなるまでには、まだまだ時間がかかる。

「ねえ、香港の人はみんなそうやってピザを食べるの?　英国式っていうのかしら」

彼は、ナイフとフォークを両手に軽く握ったまま宙を見上げ、追い詰められた犬のような顔をした。どう答えていいのか、分からないようだった。私はまた、「ねえ」と言った。

「あなたって、昔からそんなに上背があったかしらと思って。さっき久しぶりに会って見上げてしまったんだけど」

「身長は数年前と同じままだし、僕は長身ではなく普通だよ」と彼は安心した犬のような顔で言い、腕時計に目をやった。

もう一人、上海からやってくる友人の到着が遅れていた。中国籍の彼女の場合、日本のパスポートを持つ私よりも、香港への入境手続きに手間どっている可能性があった。そして私の身長は、数年前より少し縮んでしまった可能性があった——相対的に、彼の身長が伸びていないということは……。

上海の友人が到着すると、私たちは外へ出てバスを待った。空はいつものようにどんよりと重たく曇り、湿度の高い空気の中に南国特有の甘い香りが漂っていた。彼が指さす方角には、白い高層ビルが何棟も連なっていて、彼の家族が最近購入したという新しいマンションへバスでわずか十五分で着くという話は、どうやら誇張ではないと分かった。マンゴーか、スイカか、ジャックフルーツ。そのかすかな香りは、以前この街での滞在中に起きた出来事や、すれ違った些細《ささい》な景色と結びつき、数々の鮮明なイメージを記憶の中に蘇《よみがえ》らせた。ゴージャスな夜景の中でときめいたあの一瞬や、スカイスクレイパーの谷間に沈んだあの痛い思い出……。彼は、時刻表を覗き込み、次々に滑り込んでくるバスの番号を身を乗り出して確認していたが、香港の甘い香りについては、他の地元の人々と同様、まったく意識していないようだった。

新しいマンションは、ゲートや建物の入り口が厳重に警備されていて、そこを通過するたびに、彼のICカードはピッと音を立てる必要があった。エレベーターは五十八階まで続き、四のつく縁起の悪い階を省いても、それでもまだ五十階を超える超高層マンションにちがいなかった。部屋の中は、新築物件の香りがした。洋式のバスルームが二つとベッドルームが三つあり、ガラス張りのリビングからは、空港の周辺を飛び交う飛行機とその下に広がる荒れた海が一望できた。

私はガラス窓の前に置かれた木製のカウチに腰掛けて、眼下に見えるよく整備されたテニスコートと誰もいないプールの透き通った水を眺めた。ガラスに顔を近づけると、強い圧迫感があり、あまりの高さのせいか軽い眩暈に襲われた。夜になり、小さなベッドルームを一つ借りきって眠りについたものの、深夜に寝汗をかいて私は何度か目を覚ました。そしてそのたびにベッドをおりて窓際へ行き、小さな通気口から手を出して、外の湿った空気を手のひらですくった。テニスコートとプールの照明はもう消えていた。一方でビル街の街灯は深夜になっても煌々《こうこう》と輝き、どこから伸びているのか分からない複数の光が、ビルの室内の壁をいつまでも明るく照らしつづけた。

彼は、大学院で都市計画を専攻していて、専門は一応建築だったが、最も情熱を傾けていることは、最新モデルの高層ビルや新興住宅街を造ることではなく、むしろ古い建物を生かした新旧融合型の都市計画のようなものだった。私とインテリアデザイナーの上海の彼女は、彼の案内で大学内を見学し、そのあと、キャンパス内のカフェテリアで休憩した。建築家とデザイナーの二人は、大学のカリキュラムや講義案内の書類を開き、熱心に内容に目を通していた。私は、その隣で同じように書類を開き、コーヒーを飲みながら読んでいるふりをしていた。いや、コーヒーを飲んでいたのではなく、私はサラダを食べていたのかもしれない。ブラウニーかクッキーか、それか、ただいつものようにミルクティーを飲んでいたのかもしれない。カフェテリアは欧米の大学さながらによく整っていて、居心地がよく、いつまでも椅子に腰掛けて物思いに耽《ふけ》るにはうってつけの場所だった。けれどそこで何を飲んだのか、または何かを食べていたのか、そのときの経験と光景を、私は記憶の中に留めておくことができなかった。サンドイッチ？　だったかもしれない。

キャンパスを出ると、私たちは学生街の込み入った坂道を下りはじめた。彼は途中で立ち止まり、一軒の古びたアパートを指さして、その中の一室を以前借りていたのだと言った。それは、一九四〇年代か遅くとも五〇年代頃に建てられたことが窺える、相当年季の入った物件で、いまにも窓枠が外れて外壁が崩れ落ちてきそうだった。天井が低く、おそらく室内が暗くて陰気臭いだろうことは、中を見なくても想像できた。そして、そのイメージは不思議なくらいノスタルジックに私の脳裏に絡みついてきた。

彼は、アパートの向かいにある小さな屋台に立ち寄って、揚げシュウマイとパック入りの飲み物を買った。串に刺さったシュウマイにタレをつけ、私たちは軒先に立ったまままそれらを頬張り、甘すぎるレモンティーをストローでチューチュー吸った。

「あまり健康的な食べ物ではないけれど」

彼はそう言いつつも、通いなれた屋台の親父さんが揚げるシュウマイを、どことなく誇らしげに紹介し、小銭を数えて台にのせた――折りたたんだ大衆新聞を無造作に小脇に挟み、地元のオッサンさながらの渋い風貌で。

それから私たちは、やってきた路面電車に乗った。電車は、ビルの谷間をのろのろ走った。彼の家族が最近まで暮らしていたという古いマンションまでの道程《みちのり》を、いくつかの乗り物を乗り継いでゆっくりと進んでいった。

彼が昔住んでいた地区は、庶民の生活感が剝《む》き出しになった、雑然とした場所だった。百万ドルの夜景からはずいぶんと離れた地域にも多くの住民が暮らしていて、彼はそこを「香港の田舎のようなところ」と言った。狭い道路脇には、バイクや自転車や段ボールが並び、商店街の軒先からは山盛りのフルーツが歩道に迫《せ》り出していた。大鍋からもくもくと湯気が上がり、ウィンドーには見事な照りを帯びた赤茶色のダックがいくつもぶら下がっていた。話し声やエンジン音、食器や調理器具がぶつかり合う音が絶え間なく聞こえてくるものの、若々しい熱を帯びた活気とは少し違う、ちょっぴり錆《さ》びついた街の喧騒《けんそう》とでも呼ぶべき雰囲気があった。老朽化の進んだマンションの外壁に一昔前の冷房の室外機がたくさんぶら下がっていて、整備の進まない猥雑《わいざつ》さは、人々の愛嬌《あいきょう》と重なって妙な温かさをかもしだしていた。そしてあたり一帯には、これまでになく強くて甘い匂いが充満していた。

彼は、近くのお茶菓子屋さんのテーブルに私たち女二人を座らせ、メニューを広げた。

「……ねえ、また食べるの？　私たち、朝からずっと食べつづけてるんだけど」

彼は、香港では食べることが楽しみで、それ以外には特にやることがないと、もっともな意見を述べた。そして、せめて量を減らしてほしいと頼む私の前で、餅や豆乳プリンやあん蜜や西瓜《すいか》を山ほどオーダーし、困ったワンちゃんのような顔で言った。

「せっかくだからたくさん食べよう。僕も食べるのを手伝うから。きっと、なんとかなるさ」

そして、運ばれてきた山盛りのスイーツを彼はせっせと食べた。女二人は、午後の眠気に抗《あらが》いながら、串の先に餅をひっかけ、だるそうにそれを食べた。恒常的な満腹感は眠気を誘う。けれど彼にしてみれば、腹を空《す》かせた女二人にカリカリされるよりは、コンスタントに食べ物を与えて居眠りでもさせておいたほうが賢明だと思ったに違いない。お腹が減ると、女は無意識のうちに不機嫌になるからだ。

それから私たちは市場を通り抜け、夜のＢＢＱ（バーベキュー）の準備をするために、具材を専門に扱う店へまっすぐ向かった。

「具材専門店ってなによ。肉屋や八百屋に行くんじゃないの？」

彼は一瞬、私の質問の意味が分からないような表情をしたが、すぐに淡々と解説を始めた。

「香港では、みんなしょっちゅうＢＢＱをするから、専門の具材屋さんがあるんだよ。必要な具材を一度に全部まとめ買いして持ち帰って、火を起こしさえすればすぐにＢＢＱが始められる。便利だよ。というか、面倒なことはしないのが香港スタイルだからね」

具材屋さんはシンプルで、合理的だった。蓋《ふた》のない大きな冷凍ケースの中に、さまざまなソーセージやミートボール、色とりどりの魚肉ボールが種類別に並べられていて、好きな具材を欲しいだけお玉ですくって袋へ入れるだけの、とても簡単なシステムになっていた。くわえて、手羽先やタレに漬け込まれた肉も、いろんなタイプのものが豊富に取り揃えられていて、店に並ぶ具材を端から一つずつ食べ進んだとしても、一晩で全ての味見を終えるのはとうてい不可能なほどの充実ぶりだった。

私たちは両手にたくさんの袋をぶら下げて、彼の古いマンションに行った。そのマンションには彼の姉の家族がまだ暮らしていて、その夜は、姉と二歳の姪っ子とベビーシッター、それから彼の母親が集まっていた。私は、家族へのお土産も持っていなかったし、お互いかしこまった挨拶や自己紹介もなかった。それぞれが適当にソファに腰掛け、しばらくテレビを見たり、雑誌や新聞のページをペラペラめくったりしながら時間をつぶし、もう少しだけ陽が落ちるのを待った。

マンションは、香港の田舎によくあるタイプの三階建てで、私たちは荷物を持って屋上へ上がると、オープンスペースにプラスティックのテーブルや椅子を適当に並べ、彼はBBQセットの金網の上に炭を並べて火をつけはじめた。私は思わず、「ねえ」と言った。

「普通は、金網の下に火がくるんじゃないかしら……」

「香港スタイル」

彼はそう言って、ニヤッとしながら振り返った。どうやら、彼は私からの質問に効率的に答える方法を見つけたようだった。肉や野菜を切る必要もなければ、みんなの分をあらかじめ串に刺す必要もない。そもそも、ＢＢＱのときまでわざわざ野菜を食べなくてもいいし、あとはセルフサービスでやればいい、というノリだった。香港スタイル。

「体にはあまりよくないけれど」

と繰り返す彼の言葉は、どことなく自慢げで愉快そうだった。そして、準備と呼べるほどのものでもない準備が整った頃、いつの間にか現れた彼の高校時代の同級生が四人ばかり、もう火を取り囲んでいた。みんなそれぞれに自分の串を手に取ると、二股になった串の先に好きな具材を勝手にくっつけ、炭火にかざしはじめた。「ねえ」と私は言った。

「香港の串は、先が二つに分かれているのね」

「そのほうが、いろんな具を一度にたくさん刺せるからね」

私はその欲張りな串の両先に、手羽先を刺し、照りを出すためのハチミツを塗って火にかざした。すると彼は、焼けるのに時間がかかるので、もう一つ串を持ってきてすぐに焼けるソーセージや魚肉ボールを並行して焼いたほうがいい、と言った。そこで、アドバイスどおりもっと欲張りになって、私が二刀流焼きを始めると、彼は満足そうに自分の串を火からはずし、チキンに顔を近づけ真剣に焼け具合を確かめた。

集まった彼の友達は、みんなＢＢＱに慣れていた。好きな焼き方、好きな具材を、それぞれが自分のペースで楽しんだ。二刀流も一刀流もいたし、ソーセージばかり食べる人もいた。誰かの分を焼いてやったり、途中で食べるのを休憩して話し込むこともあった。屋上からの景色をぼんやりと眺めたり、携帯で誰かに電話をかけたり、二歳の姪っ子は、急におしっこがしたくなって排水溝の前でしゃがみ込んだりした。

私は、焼けた手羽先をテーブルで食べた。上海の友人と、彼のお母さんとお姉さんも同じテーブルでワインを飲んでいた。お互い言葉は通じなかったし、食べているものも同じではなかった。気が向いてお酌をしてみたり、手酌で勝手にガバガバ飲んだり、英語を話したり、広東語を耳にしたり、北京語の単語が出てきたりして、それぞれ好きなときに好きなように笑ったりした。私たちは過剰に客人扱いされることもない代わり、よく気が利く女の振る舞いを求められることもなかった。つまり全てが適当で、言い換えるとかなりいい加減だった。正確には、みんなとてもリラックスしていて、彼に解説を求めるなら、それはつまり香港スタイルということだった。

私は夜空を見上げたり、思い立ってエビボールを串に刺したり、カメラのファインダーを覗いたりした。お姉さん一家がこの家から立ちのき、新興住宅街の高層ビルへ移り住めば、もう屋上でＢＢＱを楽しむことはなくなってしまうのだろうか。私は、屋上の縁に立ち、そこから見える近所の家々の窓明かりを眺めながら、聞こえてくる小さな話し声やテレビの音に、しばらくの間、耳を傾けた。

最後のソーセージを焼き終わると、夜はもうすっかりふけていて、屋上に吹く風もずいぶんと冷たくなっていた。準備と同様、あと片付けもあっという間に終わり、香港の勝手気ままなＢＢＱパーティーはお開きになった。マンションの階段を下りながら、私はふと考えた――朝からいろんなことがあったな、と。キャンパスを歩いたり、屋台のシュウマイを立ち食いしたり、路面電車にも乗った。甘いものを山ほど食べて、いつの間にかＢＢＱの準備が整い、気づいたら彼の友人たちと火を囲んでいた。なんとなく時間が豊かに流れ、当たり前のように夜風は肌に気持ちよく、どこからともなく出てきたワインが幸せな酔いを誘った。

玄関を出ると、知らない間に手配されたタクシーが門の前で待っていた。彼は後部座席のドアを開け、女二人を中へ入れてから自分は助手席に乗り込み、行き先を告げた。南国の甘い香りが染みついたシートへ深く体を沈みこませると、ほどなくして私は眠りに落ちた。

第七話

キャッサバのココナツミルク煮込み

――モザンビーク

表の通りは、市場以上に活気に溢れた場所だった。物売りたちは道の両脇にずらりと並び、ゴザの上に野菜を並べ、タライを鮮魚でいっぱいに満たし、大きな籠に焼きたてのパンを積み上げて、行き交う客に目を光らせていた。物売りたちの背後には、屋台や小さな商店がいくつも軒を連ねていて、私は気になった一軒の屋台の前で立ち止まり中を覗いた。狭い木造小屋の中には、たった一つだけテーブルがあり、そのまわりを囲むように手作りのベンチが並べてあった。ベンチに一人で腰掛けてビールを飲んでいた青年が、私に英語で「やあ」と言った。旧ポルトガル領のモザンビークの屋台で英語を耳にするなんて、めずらしいことだった。

青年は、名前をナゾといった。

「ナゾ？　またずいぶんとミステリアスな響きの名前ねえ」

彼はわけを訊かずにただ、「そうさ」と得意げに頷いてビールをグラスに注ぎ足した。私は帽子をとって汗を拭い、空いていた席に座り、どうして英語を話すのかと訊いた。

「僕は南アフリカに住んでいるからね」

「じゃあ、モザンビークの人ではないの？」

「いや、僕はこの村の出身だけど、家族と一緒に南アフリカへ引っ越したんだ」

彼は、いまも村に住む伯父に会いに来ていて、数週間のバケーションを故郷の村で気ままに過ごしている最中だった。私は、取り出したメモ帳に、ナゾと走り書きしながら、せっかくなので私も一緒にのんびりした午後の時間を過ごすことに決めた。ナゾはとろりとした眠そうな目でじっとこちらを見たまま、一つひとつ言葉を切り、丁寧にゆっくりと話した。そんな彼の口調が、一時的なアルコールのせいではなく、彼の落ち着いた性格に起因していることを、私は直感で悟った――話を始めてから、まだ数分しか経っていなかったけれど。

「リラックスが一番さ。外は暑くて陽射しも強いし、ここでゆっくりしていけばいい。君もビールを飲むかい？」

私は、ビールよりもまずは昼食をとってゆっくりしたいと彼に言った。ナゾが店の裏に向かって声をかけると、一人の女性が出てきた。「何が食べたいのか」とナゾに訊かれ、私は「何があるのか」と訊き返した。

「何でもあるよ。ごはん、野菜、魚、キャッサバ」

ナゾの英語の説明を照れくさそうに聞いている女性に、私は直接ジェスチャーで訊ねた。「料理を見せてもらえないか？」と。するとナゾが口を挟んだ。

「いや、料理はまだできてなくて、これから調理するんだよ。彼女なら何だって作れる。腕はとてもいいからね」

「これから？」

言葉の意味が分かってかどうか、女性がおかしそうに頷いた。そして、これから作るのなら、ぜひ調理の一部始終を見せてほしいと頼むと、あっさりと了解してくれた。ただし、その前にちょっと休憩をして赤ちゃんのオシメを取り替えてからという条件がついた。

「もちろん。急ぐ必要は全然ない」

どうせほかにやることもなかったし、こぢんまりとした屋台は居心地がよく、だらだらしたナゾもいて、時間をつぶすにはもってこいの空間だった。「それじゃあ……」と私は言った。

「キャッサバで何か作ってもらえるかしら」

ナゾは静かに頷き、それから店のママに向かって、ポルトガル語で説明しはじめた。彼の口調は安定していて、かつ事務的だった。態度には、歳を重ねた人間のような風格さえ漂っていた。私はナゾの横顔を見ながら、ふと、彼はどんなときに笑うのだろうかと考えた。そしてその考えは、どうにかして彼を笑わせたいという秘《ひそ》かな欲求へと変わっていった。

しばらくすると、赤ちゃんを連れたママが、財布を持って現れた。私たちは市場へ行って、キャッサバとココナツを厳選し、路上でたまねぎとトマトを買った。それからママは、店の裏にある調理場に立ち、さっそく料理を始めた。私はママの手もとにビデオカメラのレンズを向けて、液晶画面を覗き込んだ。

調理場は、敷地を柵で囲んだだけの簡素なもので、木製の台と、石を地面に並べただけのコンロ、プラスティックの容器と杵《きね》と臼《うす》、真っ黒に焦げた大鍋ややかんが置いてあった。

ママは赤ちゃんを胸もとに布でくくりつけ、抱っこしたままキャッサバの皮を剝ぎ取った。皮の中から出てきたキャッサバは、濃厚なミルクと同じ色をしていた。人の腕のような形をしていて、肌理《きめ》の細かいスベスベした表面には、ある種の色気が漂っていた。

ママはTシャツの首穴を引き下げて片方のオッパイを出し、キャッサバとナイフを持った両手を休ませることなく、器用に授乳を始めた。私は動揺した。ママがキャッサバの真っ白い肌に勢いよくナイフを突き刺すたびに、オッパイに吸いつく赤ちゃんが一緒になって揺れるからだ。私は、ズームアップしたり、引いてみたり、忙しなくカメラを向ける角度を変えたりしたあと、ついに動画を諦めてスイッチを切った。液晶画面に、どうしてもオッパイが映ってしまうのだ。

調理場ではママのほかに、二人の若い女の子が働いていた。彼女たちは、私とは目を合わすこともなく、ただ黙々と仕事をこなしていた。ハッキリいって無愛想だった。変な外国人がカメラを持って調理場へ侵入してきたことが、気に入らなかったのかもしれない。

ママは授乳を終えると、赤ちゃんを女の子の一人に預け、キャッサバをナイフで叩き割るようにして細かくしていった。私は、今度は一眼レフカメラをママに向けた。すると二人の女の子が、作業の合間にチラチラこちらを見ているのが分かった。ビデオカメラよりも、よりいっそうカメラっぽい形をしたカメラが出てきて、不愉快さが増したのかもしれない。反対にママはノリノリだった。歌ったり、踊ったりすることに熱中しすぎて、時々キャッサバのことを忘れ、そのまま敷地の外へと出て行ってしまうこともあった——ナイフを振りかざし、腰を振りながら……。そこへビール瓶を持ったナゾがやってきて、「面白いか」と私に訊いた。

「とっても興味深い」

ナゾは頷き、「それはよかった」と言った。

ママはキャッサバの下ゆでを終えたところで、もう一人の女の子とともに調理場からいなくなった。すると今度は、残った女の子が台の前に立ち、削りたてのココナツの実を絞りはじめた。暗褐色の指の隙間からココナツミルクが滲み出し、乳白色の液体と絞りカスが、見る間に分離されていった。一通り絞り終えると、彼女は新しいココナツを真二つに割り、削り器の付いた椅子に座った。そして殻の内側を金具にあてて手首を動かしはじめた。そのリズミカルな手さばきに見とれる私に、ナゾが訊いた。

「ココナツの写真は撮らなくていいの?」

私は、カメラを持ったまま、口をもごもごさせた——撮らないほうがいいんじゃないか、と。女の子が鋭い目つきで一度振り返り、すぐまた手を動かしはじめた。

「撮ってもいいのだろうか……」

ナゾは、「もちろん」と言ったものの、女の子が「いい」と言っているわけではなさそうだった。

「それじゃあ、彼女の手もととココナツだけ撮影させてもらおうか。彼女自身じゃなくて」

私は、ココナツにレンズを向けて、しぐさで意図を伝えた。すると、女の子の表情が少し和《やわ》らいだような気がした。私はシャッターを切ってから、あらためて女の子へ振り直った。彼女の目の奥と口もとに、隠しきれない笑みがあった。もしかして……。今度は彼女にレンズを向けて撮影すると、突然彼女は立ち上がり、ココナツをほったらかしてもう一人の女の子を呼びに行き、戻ってくると二人は、はしゃぎながらカメラの前でポーズをとった——一人は空の大鍋を抱え、もう一人は立て掛けてあった杵を手に持って。

「……。ちゃんと料理している姿を本当は撮りたいんだけど」

私は、ぶつぶつ言いながらシャッターを切ったが、そんな呟きを解するはずもない二人は、さらに調子づいてしまった。ビールを飲むまねをしたり、胸もとをちょっとはだけたり。そして二人もまた、ママのように熱唱し、腰を振って踊りはじめた。

「こらこら、お姉さんたちよ」

ママが戻ってくるまで、二人はカメラの前で浮かれるばかりで、ココナツミルクのことなんて、もうすっかり忘れてしまったようだった。それにしてもママは、どこへ行ってしまったのだろう。

キャッサバが煮えた頃には、もうずいぶんと陽も傾いていた。私は、皿に盛られた料理をナゾと一緒につついた。キャッサバのココナツミルク煮込みは、ほんのりと甘く、とろけた表面はやさしいクリーム色に変色し、ほどよい粘りが出ていた。嚙めば嚙むほど、でんぷん質な舌触りが広がり、素材の素朴な魅力がまっすぐ心に響いた。湯気の立つフォークの先に息を吹きかけながら、私はナゾに訊いた。

「明日もまた、ここに来る？」

ナゾは頷いた。

「明日は、私も少し飲もうかな」

ナゾは表情を少しも変えずに、「いいね」とだけ言った。

私は、二日前に日本から届いたちょっとした朗報を、この屋台で祝いたい気持ちになっていた。いずれにせよバーやクラブには足が向かなかったし、遠い日本で起きた出来事をどう喜べばいいのかも分からなかった。ただ、この店には幸せな酔いに浸りたいと思わせるアットホームな雰囲気があって、一つの区切りとしてビールの栓を抜くのも悪くない気がしたのだ。ナゾもママも木製のベンチも、すべてが自然でシンプルで、肩の力が抜けていた。飾らない温かさが感じられた。さっき食べたキャッサバの味も、まさにそんなふうだった。

翌日の昼過ぎに、荷物を担いで屋台へ向かった。前日と同じ席にナゾがいて、向かい側のベンチにおじさんが一人座っていた。ナゾは、青野菜が入ったココナツソースを白米にかけて食べていた。私はママを見つけると、お鍋の中に残っていたココナツソースとごはんを昼食に頼み、それから夕飯には、大きめの魚をまるごと一尾焼いてもらう約束をした。ママが調理場へ消えると、おじさんが英語で話しかけてきた。

「あらまあ、おじさんも英語を話すのね」

「もちろん。私は南アフリカに住んでいるからね」

私はナゾのほうを見た。

「親戚？」

ナゾは首を横に振り、そのまま静かに食事を続けた。おじさんはビールを飲んでいてご機嫌だった。

「私はね、この村の出身だけど、イギリスの女性と結婚して、南アフリカへ移住したんだ」

おじさんは饒舌《じょうぜつ》だった。そして話の途中で何度か、「私は幸運な男だ」と言った。

「私の妻は、イギリスの女性だったんだ」

その話はもう聞いた。

「私の妻はね、イギリス人で、白人だった」

私は真顔で相槌《あいづち》を打って、ナゾを見た。ナゾがほんの少し笑ったような気がした。

「私はイギリス人の妻との間に三人の子どもをもうけた。一生懸命働いて、車を買った。一生懸命働いて、家を買った。三人の子どもは立派に育った。私は、幸運な男だ」

料理が運ばれてくると、私は壁の棚に並べてあるワインの値段をママに訊ねた。日本円に換算すると、一本百円ほどだった。ボトルはガラスではなく、プラスティックだった。私は二人に、ビールとワインのどちらで乾杯したいかと訊いた。ナゾは何も言わなかった。おじさんは迷わず「ワイン」と答え、自らプラスティックのキャップをはずし、赤紫の液体をグラスに注ぎ入れて「乾杯」と言った。

ワインは恐ろしくまずかった。医学的にいうと消毒用アルコール、化学実験的にいうとエタノール、燃料的にいうとガソリンみたいな代物だった。

「美味しいワインだ」

おじさんは幸せそうにグラスを傾け、私に、「ありがとう」と、お礼まで言った。

「いえいえ、とんでもありません。ちょっといいことがあったので、お祝いです。好きなだけ飲んでください」

私は、自分のグラスにすでに注がれてしまったエタノールを、どうやって胃袋へ流し込もうかと考えていた。ココナツソースを口へ入れると、甘みで苦痛が少しやわらいだ。

私は、追加でファンタを頼んだ。

「妻と結婚してからの歳月はあっという間だった。妻はもう他界したけれど、私たちは幸せな日々を過ごした。私には車と家がある。それから、素晴らしい計画がたくさんあるんだ」

おじさんは、「もうちょっともらってもいいかな?」と断ってから、ボトルのガソリンをグラスに注ぎ足した。

「どんな計画があるのですか?」

「ふむ。人生で最も大切なもの、それが何だか分かるかい?」

「イギリス人の妻?」

「いや、貯金だ」

おじさんは真剣だった。毎月の貯金計画と、数年後に期待できる貯金の額を、具体的に教えてくれた。私は、おじさんの人生哲学に耳を傾けながら、ボトルの残りを全ておじさんのグラスに入れた。おじさんは、「ありがとう」と言って、遠い目をして壁を見つめた。

ママは店の表で探してきた魚を調理場へ持っていき、丁寧に鱗《うろこ》を取って洗った。それから薪に火がつくまでの間、私たちは調理場のベンチに並んで座り、たわいもない会話で時を過ごした。

ママは三十一歳で、私より一つ年上だった。すでに子どもが四人いて、子育てをしつつ女の子たちを雇い、店の経営をしていた。

「じゃ、来年は五人目、再来年は六人目。最終的には十人くらいは頑張るつもり？」

ママは大笑いしながら、大きく首を横に振り、「子どもは四人で十分、もうおしまい」と断言した。そして、子どもの数を増やすより、ビジネスをもっと大きくしたいのだと言った。

「子どもたちには、よりよい教育を受けさせたいし、店で働く女の子たちの数も増やしていきたい。だから夫にも宣言したの、もう子づくりはしません！　終わり！って」

ママの迫力に圧倒されたであろう夫の姿を想像して、私は笑いをこらえられなくなった。ママは力強く続けた。

「従業員の女の子たちは、いまはまだ若くて未熟だけど、これから鍛えていくわ。彼女たちが私の右腕となってくれるように。それからゆくゆくは、彼女たちが独立できるようにね」

ナゾがぶらりと現れて、「二人で何を笑っているのか」と訊いた。「ママの夢を聞かせてもらってたの」と私は言った。

「ポルトガル語で？」

言われてみるとたしかに、どうして彼女のポルトガル語が理解できたのか、自分にもよく分からなかった。ママから聞いた話をナゾに英語で確認すると、私が解釈した話の中身は案の定、全て合っていた——そもそも間違っている気さえしなかった。ナゾは目を丸くして、それから空気が小穴からプスッと抜けたような笑みを見せた。

夜八時に店が閉まると、荷物を担いでナゾと一緒にバス停へ向かった。街灯のない裏通りは真っ暗で、一人ではとても歩けないような場所だった。私は、ナゾの提案を受けてバスの中で一夜を過ごし、翌朝の始発で北へ向かうことになっていた。早朝の暗闇の中でバスを探すのは危険と判断した彼が、バスの運転手に掛け合ってくれていたのだ。

ナゾは途中、トイレのあるバーへ連れていってくれ、私はバスに乗り込む前に、摂取した水分をできる限り排泄《はいせつ》した。バスの前まで来ると、「ほかに、何か僕にできることはないかな?」とナゾが訊いた。バスの中では、一組の親子と運転手がすでに寝息を立てていた。私は、彼をフッと笑わせるような何か気の利いたことを言おうとして、けれど口からは、悲しいくらいセンスのない台詞《せりふ》しか出てこなかった——ありがとう……ナゾ。

「大したことじゃないよ」

彼はそう言うと、やってきた道をさっきと変わらない足どりで引き返していった。

第八話

ビールと屋台飯

——タイ

ビデオカメラのレンズの向こうに、ニット帽を被《かぶ》ったミュージシャンの姿があった。彼はギターを弾きながらマイクに向かって熱唱している。ストリートに並べられたテーブルに着くと、旅行者たちはビールを注文し、思い思いの夜を過ごした。蒸し暑い夜のだるさから旅人を救えるのは、よく冷えたビールだけだった。どうでもいい会話の行間を埋められるのも、やはりビールだけだった。向こうのテーブルに座っている欧米人の男女が、愛嬌《あいきよう》たっぷりにカメラに向かって手を振った。私はテープを回しながら彼らに手を振り返し、それからスイッチを切って、同じテーブルにいた二人の旅人に呟《つぶや》いた。

「そろそろバンコクを離れるよ」

カメラをビール瓶の横に置いて顔を上げると、テーブルの向かいで頬杖をついていた日本の女性旅行者がこっくり頷《うなず》いて、「うん、そのほうがいいと思う」と明るく言った。左横にいた大学生の男の子は、眠そうな目で夜の通りを眺めながら、何か考え事をしているようだった。

タイ。バンコク。カオサン通り。その一本裏手の日本人宿街の一角で、私は一週間を過ごした。毎日昼前に起きだしてきてダラダラし、日が暮れると目的もなく夜の街を歩きまわった。宿のある一帯には、旅人たちが入れ替わり立ち替わりやって来て、ある者はすぐ去り、ある者は長く留《とど》まり、そのうちの何人かは、宿の棚に並べられた日本の漫画を端から順に読みふけった。巷《ちまた》にはさまざまな噂《うわさ》があった。バンコクの刑務所には、世界中から流れてきた外国人が、たくさん収容されていると人々は言った。私が泊まっていた宿では、少し前に殺人事件があった。クスリでラリッた旅人が別の旅人を殺《あや》めてしまったらしかった。また、ある旅人はラリッて自死してしまったらしい。巷にはいつもクスリがあった。眠らない夜とビールがあった――。

みやげ物屋の青年も、民族衣装姿の物売りも、屋台でパッタイ（タイ風やきそば）をかき混ぜる若い女性も、みんな一様にうんざりした顔をしていた。若い旅行者たちはビール瓶を抱きしめて、来る日も来る日もバカ騒ぎを続けた。先進国から集まってきたイケてない中年男たちは、通りに面したバーに並んで、行き交う若い女たちを舐《な》めるような視線で眺めまわした。夜の人混みと騒音。ネオンサインとカネとクスリ。幻覚、売春、殺人事件。女、熱波、レディーボーイズ。ビール、クスリ、ビール、クスリ、ビール、ときどき虫除けスプレー。

深夜三時半。白髪交じりの長い髪を振り乱し、ランニング姿の酔っ払いの白人男性が、体を左右にふらつかせながら若い女の子たちを追いかけていた。パンツが見えるくらい短いスカートを穿《は》いた女の子たちは、ひと気の消えた表通りを、捕まりたそうな素振《そぶ》りで男をおちょくりながら、右へ左へ逃げ回った。夜が明ければまたすぐ、うだるような暑さが押し寄せてくる。私はバンコクを離れ北へ向かった。チェンマイまで行けば少しくらいは涼しくなるだろう、と思ったからだ。

チェンマイの夜はバンコクよりも少しだけ涼しく、もうちょっと静かで地味だった。私は、宿の庭に置かれたテーブルの上に買ったばかりのハガキを並べ、ふわりとペンを握ったまま、ぼんやりと周囲の話に耳を傾けていた。向かいの席には、イタリア人の男性がいた。彼はビール瓶を揺らしながら何かを熱心に語っていたが、宿の表口から一人の女性が現れると、途端に口を閉ざした。

その女性は、いつも私たちのほうをじっと見つめながら歩いた。優しい笑みを常にこちらに向けたまま歩くのだった。不思議な人だ。彼女は長くまっすぐに伸びた黒髪を、肩口から胸の方へ垂らしていた。その艶やかな髪の上に這《は》わせるように櫛《くし》を入れていた。櫛を這わせながら歩いていた。いつも表口から現れ、そのまま裏口へ消えていき、しばらくすると体にバスタオルを巻いて戻ってくるのだった。そして、濡れた美しい髪にやはりまた櫛を這わせながら、最後まで笑みを絶やさずに最後は表口のほうへと消えていく。美しい人だった。彼女は一日に何回もシャワーを浴びるらしかった。往路はTシャツにスポーツパンツ、復路はいつも、バスタオル一枚だけだった。

「どうして彼女は、バスタオル一枚でうろうろしているんだい？　どうして彼女は、僕に向かって微笑《ほほえ》んでいるんだ？」

イタリア人の男性は、ドギマギする胸中を隠そうともせずに、彼女が消えた表口のあたりをチラッと見て私に言った。バスタオルの理由は分からなかった。けれど、彼女が微笑みかけるのは彼だけではない。彼女は会えば必ず、私にもあの笑みを投げかけてくる。

「さあ、知らないわ」

私は、リュックサックのポケットから虫除けスプレーを取り出して、足首の周りに吹きかけた。男性は、口内のヌメリを取るようにビールを一口ゴクリと飲んだ。

夜のマーケットへ行き、バナナシェークを飲みながらビデオカメラのテープを回した。液晶画面に映る世界は、活気と消費欲に溢れ、とても華やいでいるように見えた。「こんばんは」と声がして後ろを振り向くと、ランニングシャツを着た白人の男性が立っていた。男性は疲弊していて覇気がなく、水気を失った高麗《こうらい》ニンジンのようだったが、こちらが日本人だと分かったのか片言の日本語で話しかけてきた。彼はカナダ出身の三十八歳、かつて日本や韓国で英語を教えた経験があった。今はタイで教えているがタイでの暮らしが好きではなく、できれば日本や韓国へ戻りたい、といきなり打ち明けてきた。私はとりあえず相槌《あいづち》を打ち、そうですか……、とだけ答えてストローをくわえた。彼はそれ以上は何も言わなかったが、旅先で出会った者同士のよくある流れに沿う形で、私たちはなんとなく一緒に夜の街をぶらつき始めた。ぶらつきながら、彼の英語学校の生徒が合流してくるのを待つことになった。その間に何を話したのかは、よく思い出せない。タイには何もなく、ただ疲労だけが溜まるばかりだ、というニュアンスのことを彼は話していた気もするし、私が何か質問を受けて答えていたような気もする。はっきりと記憶に残った言葉は一つもなく、ただ、ビデオテープに映った夜景だけが、あの夜のチェンマイを物語っている。キラキラした、空っぽの夜だ。

彼が英語を教えているという若い女生徒は、いささか高すぎるテンションで現れるとすぐ、私の手を引っ張って雑踏をぐんぐん進み、露店でアクセサリーやスカーフを買った。彼女は買い物の間中、繋《つな》いだ手を離そうとしなかった。私たちの数歩後ろから、暗い影を背負ったカナダ人の教師が、彼女の買い物袋を提げてとぼとぼとついてくる。買い物が終了すると、今度は飲食系の夜店が集まる公園の一角に席を確保し、近くにいた留学生の男の子二人を交えた五人で円いテーブルを囲んだ。ベルギーとオランダからきた背の高い男の子たちだ。ビール瓶数本と屋台飯がテーブルに並んだ。ありきたりな話題が繰り返される。タイ人の彼女は、ご飯を食べている間もずっと私の手を握りしめていて、時折、三人の男性を避けるように、しかし、そうすることでさらに彼らの注目を引きつけながら、私の耳もとでささやくことがあった。

「今週の金曜日に、ボーイフレンドがハワイから来るのだけど、会ってくれないかしら。彼との結婚を迷っていて、あなたの意見が聞きたいの」

私は、「好きにすればいい」とだけ答えた。話の続きも、事の顚末《てんまつ》も、もう聞く前から全部分かっていた。そして案の定、彼女の口からは、タイ女性と欧米系男性との間で繰り返される男女関係が、極めて典型的なスタイルで語られることとなった。それは、街角で毎日一度か二度は、必ず耳にする類の話だった。ボーイフレンドはアメリカ人で、ハワイで浮気をしている。ボーイフレンドへの仕返しとして彼女もタイで浮気している。

「別れれば？」

と私は言った。足もとに、たくさんの蚊が飛び交っていた。私は虫除けスプレーをカバンから取り出そうとして、けれど彼女と繋いだままの右手を振りほどくことができず諦めた。私は暇で退屈な上に、タイに着いてからずっと、奇妙な孤独感を抱えていた。そして人に出会えば出会うほど、その感覚は深まりつつあった。

「別れられないわ。だって、ハワイへ移住するための書類手続きだって進めているのよ」

彼女の五十四歳のボーイフレンドがハワイで浮気をしている様子を想像してみた。どういうわけかその妄想は、太った中年の男女が競泳用の水着を身に着け、浜辺を並んで歩いているイメージに繋がった。

「五十四歳っていうと、あなたのお父さんと結婚するようなものじゃない」

「違う！　彼は私の父親より年上よ！」

考えようによっては、彼女はとても面白い話をしているのかもしれなかったし、とても深刻な相談をしているのかもしれなかった。けれど私は彼女との会話に、ほとんど集中できないでいた。ボーイフレンドと知り合ってから、まだ一週間しか経っていないと彼女は言った。私は適当に相槌を打ちながら、話の終わりを待った。彼女は一通り身の上を語り終えると、そこでヒソヒソ話を終了し、三人の男性たちに明るく笑いかけた。いよいよゲームが始まるらしい。

私たち五人はまず、オカマバーについて話した。昨日も一昨日も、その前の日も、同じ話を誰かとしたような気がしたが、私は席を立つことも、繋いだ手を離すこともなく、相変わらずそのテーブルに留まって会話に参加し続けた。みんなといるのは虚しかったが、それでも一人になる寂しさよりはマシだった。街は、夜景は、色とりどりのネオンサインは、人を孤独にさせる。

「この街のレディーボーイズは、僕たちのボディが大好きでね、モテてしまって大変なんだ。女性かオカマか、最初はどっちなのか分からなくて、気がついたら実はレディーボーイだったなんてこともしょっちゅうだから」

　留学生の男の子たちは、そう言って笑った。

「あら、そんなこと言っちゃって、私たちだって実はレディーボーイズかもしれないわよ」

　私は、そうよ、と同調して彼女の言葉に頷いた。

「君たちは違うよ。それぐらいは僕らにも分かる。あ、でもちょっと待てよ」

　彼らは、タイの女の子が女性なのは確かだけど、君はどっちかな、と冗談っぽく言った。私は少し間を置いてから、残念そうに白状した。

「あら、どうしてバレちゃったのかしら。よく見抜いたわね」

　わずかな沈黙があった後、留学生の二人は声のトーンを上げて、いや～いいジョークだったよ、と体を不自然に揺すりながら朗らかな笑みを浮かべてみせたが、その目は笑っていなかった。どうやら彼らは、今夜のターゲットを彼女一本に絞ったようだ。

私たちは、当たり障りのない話題を並べて夜の空白を埋め続けた。十時になり、十一時になり、ついに日付が変わっても、今夜のゲームは決着しなかった。数時間前までは聞こえていた鍋とお玉がぶつかる音や、プラスティックのお椀にスプーンが当たる音がなくなり、代わりに、ビールの空瓶が無造作に触れ合う音やゴミ袋にプラスティック容器が落ちるときの乾いた音が、テーブルの周りに聞こえ始めた。彼女は、相変わらず私の手を握りしめたまま、また耳もとでささやいた。

「ねえ、明日も一緒に遊びましょうよ。私の女友達の家で、男子禁制のパーティーをやるの。来てくれる？」

留学生の二人は鈍く潤んだ瞳を向けて、いよいよ最後の追い込みに入った。興奮のせいか早口になり、二人は身を乗り出してしゃべり倒そうとする。再び彼女が、ねえ、とささやく。

「これから一緒に、クラブへ踊りに行こう」

背中を丸めたカナダ人の教師が、眠そうな目をしながらも、じっと彼女の横顔を見つめていた。会話は中身を失ったまま、しかし激しい騒音を辺り一帯に撒《ま》き散らし、盛り上がる夜のテーブルをそれらしく華やかに演出していた。テーブルの下の汗ばんだ手が少しだけ強く握られて、最後の声が耳に届いた。

「ねえ、今夜、うちに泊まりに来てほしいの。お願い。せめてシャワーだけでも浴びていって」

彼女の湿った吐息の中に言葉の粒が絡みつき、私の右耳の産毛の上を舐めるように滑り落ちていった。そして、決着がついた。

私たちは席を立った。彼女はようやく手を離し、それまでの会話がピタリと止まった。もう私たちの誰一人、話す必要性を失っていた。彼女とベルギーの留学生は、私たちを置き去りにして闇の中へと消え去った。二人の後ろ姿を見届けてから、私は一人、宿へと歩いた。

深夜の寝静まった住宅街に、自分の汚れたスニーカーが小さな音を立てていた。さっきまで同じテーブルにいた四人について、彼らの名前を知らないばかりか、顔すらももう思い出せなくなっていた。カナダ人のくたびれたランニングシャツのことや、彼女の汗ばんだ手のひら、ベルギーの留学生の英語が妙なアクセントだったことを除けば、全て記憶から消えていた。もしかしたら私は、本当は何も見ていなかったのかもしれない。私たち五人は同じ言語を操り、何時間もぶっ通しで話し続けたにもかかわらず、そこには人の存在感や通わせるべき意思が欠落していた。まるで、何もない荒野にポツンと立って、打ち返されることのないピンポン玉を、壁のない空間に向かって打っているような気分だった。ピンポン玉は勝手に転がり、しばらく行って動かなくなった。

私は宿の階段を上り、相部屋のドアをそっと開けた。窓から差し込む外灯の光で部屋の中は明るかった。キャミソールにパンツ姿の旅行者たちが、それぞれのベッドの上で夢を見ていた。扇風機がキュルキュルと情けない音を立てて回転し、ビールと薬品の香りが入り混じった室内の空気を、まんべんなくかき回していた。私は靴下を脱いでブラジャーのフックをはずし、自分のベッドにゆっくりと腰を下ろした。

チェンマイに来て、十日が過ぎた。

その日の夕方は、ハガキの宛名書きに追われた。年末年始の挨拶状を書き終えたらチェンマイを発って、ラオス国境近くの街へ向かうつもりだった。スリッパが軽く地面を叩《たた》く音がして、私は筆を止めて顔を上げた。〝彼女〟だった。腰まで伸びた黒髪に櫛を這わせながら、いつものように裏口へと消えていった。もちろん、あの笑みも一緒だ。

私はテーブルの近くでビールを飲んでいた従業員に、「どうして彼女は一日に何度もシャワーを浴びるのか」と訊《き》いた。従業員の男性は、面倒くさそうにサラリと答えた。

「彼は、シャワーが好きだから」

裏口が開き、再びスリッパの音が耳に届いた。〝彼〟はバスタオルを巻いた体の下から、細くまっすぐに伸びた両脚を覗《のぞ》かせ、あの魅惑の笑顔でこちらを見ていた。そして、しとやかに髪をなでつけながら表口へと消えた。

「ビール飲む？」

従業員に勧められ、ビール瓶を手に取った。宛名をさっさと書き上げて、明日の朝にはラオス方面へ向かうバスに乗ろうと心に決めた。

チェンマイを離れたあと一年半あまり旅を続け、私は日本に戻った。そして旅先で撮りためたビデオテープや写真の整理をしているときに、バンコクの夜のストリートで路上ライブを聴きながら撮ったあの一コマを見つけた。映像は、記憶していたほど暗いものではなく、どことなく面白おかしさがあって、ささやかな幸福感さえ漂っているように見えた。欧米人のカップルも、同じテーブルにいた日本人旅行者の二人も、熱に火照《ほて》った頰を緩ませ、気持ち良さそうに微笑んでいる。私は、旅の間もずっと連絡を取り合っていた日本人の女性旅行者にメールを送り、あのときの映像に、彼女とあの若い男子学生がアップで映っていたと報告した。彼女はすぐに返事をくれた。

《ビデオに私が？　なつかしいね〜。その学生って、（翌朝）待ち合わせして来なかった子だっけ？　それとも別の子？　だったら余談があって悲しいんだけど、昨年ネパールでこつ然と消えて、戸籍上死亡届が出されました。真相は分からないけどクスリのせいかもねぇ……》

映像の中の彼女は、男子学生のグラスを手に取り、運ばれてきたビールを注いでいるところだった。泡を立てないように、とても慎重な手つきで注いでいる。

第九話

臭臭鍋と臭豆腐

――台湾

九年ぶりに、「彼女」と再会することになった。台湾はもちろん、アジアで会うのは初めてになる。「台中に着いたら何よりもまず、スリーステップフードを食べるつもりだ」と私はキーボードを叩いた。

「スリーステップフード?」

返信を読むかぎり、どうやら彼女はもう昔のことを忘れてしまっているようだ。

あの頃、彼女が焦《こ》がれ、懐かしみ、いつも自慢げに語っていた母国台湾の屋台街の話。三つのバケツに水を汲《く》み溜め、汚れた食器を一、二、三と順番に浸し、ろくすっぽ洗いもすすぎもしないで、また料理をのせて客に出す。店主のいい加減さを笑い、汚くて最高だと語る彼女の言葉に、私は下町文化の匂いを感じ、喧騒《けんそう》を聴き、そして、遠く離れたアジアの深い懐を重ね合わせていた。

「ああ、思い出した。そんなことをよく覚えていたね。だけどいまはもう、台中もずいぶん清潔になって、ああいう不潔なお店は、残念ながらなくなってしまった。もちろん、できるだけよく似た雰囲気の店へ連れていってあげるけど」

彼女に初めて会ったのは、アメリカの大学の学生寮にいたときで、私が十九歳で彼女は二十三歳だった。父親のビジネスの関係で永住権を取得し、彼女たち一家が台湾からロサンゼルス郊外へ移り住んでから、およそ三年が経っていた。彼女は多くを語らなかったし、愛想笑いもしなかった。いつも飄々《ひょうひょう》としていて、どことなく物事を突き放したような独特の話し方をした。

「ロスのまわりは中国人が多すぎて、英語がなかなか覚えられない。だからこっちへ引っ越してきた」

辺鄙《へんぴ》な山奥の学校へ一人で移り住んできたわけを、彼女は訛《なま》りの強い英語でそう説明した。けれど彼女は、アメリカ人の学生たちと特別仲良くなるわけでもなく、他の留学生たちに積極的に話しかけて語学を磨く様子もなく、一人淡々と日々を過ごしていた。

大雪が積もったある土曜日の朝、私は実に五年ぶりに風邪をひいて高熱を出した。四十度を超える高熱だった。大学は山の中にあり、近くに病院がないだけでなく、キャンパスの学食は週末になると閉店し、車のない私は、具なしの乾麺ばかりを食べて過ごしていた。容態はどんどん悪化して、体温計の水銀が四十三度の線までのびた。ビニール袋に詰めた雪が、額の上でみるみる溶けた。アメリカ人のルームメートは、病気の私に腹を立て、「どうして風邪などひいているのか」と、苛立《いらだ》った声で問い詰めた。それからルームメートは、部屋を訪れたボーイフレンドと隣のベッドで抱き合った。

熱を出した二日目の午後、仰向けになった私の視界に、台湾人の彼女が突然顔を覗かせた。彼女は苦笑いを浮かべ、「病院へ行こう」とだけ短く言った。別棟に住んでいて特に親しかったわけでもなく、彼女がいま、部屋の中にいて私を見下ろしている状況は、どう考えても非現実的だった――高熱による幻覚かもしれない……。

「立てる？　歩ける？」

必要最低限の単語で私の容態を確認すると、彼女はさっさと部屋を出て、車のエンジンを温めに行った。そして隣町のクリニックへ私を連れていった。

山の小さなクリニックは待合室の明かりも消され、医者もすぐには現れなかった。私の呼吸はひどく乱れ、リンパ節に痛みがあって、ただ椅子に座っていることが耐えがたいほど苦しくなった。すると彼女が言った。

「床で横になればいい。問題ない」

薄暗い待合室の床へ私は仰向けになり、彼女は足組みをして椅子に座ったまま、医師か看護師がやってくるのを二人でずっと待った。彼女は、いつもと同じジーパンに深緑のジャンパーを着て、じっと口を閉じていた。彼女のブーツの靴底をしばらくの間眺め、それから苦しさのあまり天井に視線を移した。私たちはその間、一言も言葉を交わさなかった。
翌月曜日の朝、ルームメートは彼氏と一緒に学食へ朝食をとりに行き、大はしゃぎで帰ってくると、感動と興奮を抑えきれずに「ホットケーキ最高！」と叫んだ。ルームメートは頬をピンクに染めて、バターとシロップとクリームチーズと、完璧なフォークとナイフについて、うっとりとした瞳で語り尽くし、ベッドに横たわる私に向かって、一刻も早く学食へ行ってホットケーキを食べるべきだと、熱を込めて説得を続けた。……ホットケーキ？

台中に到着したあと、私は繁華街のマクドナルドで彼女が来るのを待つことにした。事前にもらったメッセージには「前よりも太った」と書いてあった。店の中を見回しながら、彼女の姿を思い出そうとしてみたが、彼女という人物を正確にイメージすることは思った以上に難しかった。それは奇妙なことだったが、正しい感覚のような気もした。結局のところ彼女は、私には言葉でうまく形容できない人だった。ふと表の通りに目をやると、ウィンドー越しにこちらを凝視している人がいた。高い身長にがっしりした体格、だぼだぼのジーンズにスニーカーを履き、両手をジャケットのポケットに突っ込んで、背中を丸めて眉根を寄せて、私を睨《にら》み付けている……、間違いない。私は席を立ち、すぐに出口へ向かった。

彼女は雑踏を進みながら、「会えてとても嬉《うれ》しい」と定型的な挨拶をしたが、そんなことを彼女が言うと、どこか照れくさく陳腐に聞こえた。飲食街へ向かって歩きながら、私はできるだけ庶民的な、アメリカでは食べられなかった台湾の食べ物をリクエストした。

「臭豆腐《しゅうどうふ》はもう食べた？」

豆腐屋の前まで何度か行って匂いは嗅《か》いでみたけれど、勇気がなくてまだ食べていない、と私は正直に言った。彼女は愉快そうに頷き、ならば臭い豆腐だけでなく、重ねて臭い物を食べに行こうと提案し、一番臭そうな臭臭鍋《しゅうしゅうなべ》の店の看板を指さした。

「望むところよ」

私は覚悟を決めてから、カメラを取り出し、看板に一眼レフのレンズを向けた。シャッターを数回切り終える頃には、彼女は私を置き去りにして、店の中へ姿を消していた。


ホットケーキを食べるために、学食へ行く気は毛頭なかった。ルームメートが出て行ったあとの静かになったベッドの上で、私は窓外の雪を見ながら昼食のことを考えた。ハンバーガー、フライドポテト、ポテトチップス、またはマカロニチーズ。どの選択肢を想像しても食欲はまるでわかなかった。そして夕飯について考えると、再び深いため息ばかり出てきた――よくてチャーハン、悪ければまたペパロニピザが油にまみれて出てくるだろう。

　すると台湾人の彼女から、別の寮生を通じて私のもとへ連絡が来た。ヌードルスープを食べるので部屋へ来るように、とのことだった。私はどうにか体を起こし、両足をゆっくりと床に下ろした。そして、お椀とフォークと乾麵を一つ抱え、壁を伝いながら別棟を目指してよろよろ歩いていった。

　彼女の部屋の前まで来ると、「中へ入って」とそっけなく言われた。彼女は自分のベッドの下から、中華包丁とまな板と、鍋と電磁調理器を取り出し、ねぎとしょうが、にんにくを豪快な動作で切り刻んだ。鍋に油をひいてから、刻んだばかりの薬味を入れると、部屋中にアジアの音と匂いと煙が盛大に立ち込めた。寮に住むほかのアメリカ人たちにバレたら、激しい口論は避けられない。けれど彼女はかまうことなく、ひき肉とオイスターソースを鍋の中へぶち込むと、箸の先でかき混ぜながら、「学食の食事はひどい」と真顔で言った。

「あんなものを食べ続けたら、誰だって病気になる」

　私は床に尻をつき、ベッドの脚に背をもたせかけ、お椀とフォークを握り締めたまま彼女の動きを目で追っていた。水と中華だしが入ったところで、私はスーパーに売っている一個二十五円ほどの乾麺の袋を差し出した。彼女は首を横に振り、「そういう悪い麺は食べてはいけない、もっといい麺にしなさい」と表情を変えずに言いきると、またベッドの下へ手を伸ばした。そして、袋に中国語がプリントされた長く真っ白な平麺の束を、流れるような手つきで煮立った鍋へ滑り込ませた。

出来上がったスープと麺をお椀の中へ入れてもらい、私は立ち上る湯気の中へそっと顔を近づけた。香りは、鼻の奥や頭の芯を突き抜け、喉や胸へ広がった。すると、なぜ高熱を出してしまったのか、その根本的な原因を突き止めたような気分になった。にんにくとしょうがのスープを飲むと、額にじわりと汗が滲《にじ》んだ。私は、クリニックでもらった錠剤を飲むのはもうやめようと心に決めた。そして、ねぎやひき肉が絡みついた粘りのある平麺を、フォークでずるずる口へ運んだ。私は、「とても美味《おい》しい」と何度か褒めたが、彼女は、「そう?」と言うだけで、会話は発展しなかった。彼女の部屋を出る前に、「ありがとう」と私は言った。彼女は、「いいんだよ」とぶっきらぼうに返した。「大したことじゃない。またいつでもここへ、食べに来ればいい」

臭臭鍋の具材が小皿に盛られ、次々とテーブルに運ばれてきた。それほど強い臭気はなかったものの、いくつも並んだ小皿の中でひと際目をひく具材があった。それは豆腐のような形をし、レバーのような色をしていた。

「豚の血の塊。全部あなたのだから、食べきってね」

彼女は、自分の鍋の野菜を箸で大量に掬《すく》い上げながら、そう言った。私は苦笑いを浮かべて頷き、「もちろん挑戦するよ」と冗談交じりに言ったが、彼女は黙々と鍋をつつくだけで特別な反応は示さなかった。私たちは会話もせず、次々に煮えてくる鍋の中身を、何かに追われるようにひたすら口へ運んだ。この九年の間に私の身のまわりで起きた出来事や、これからの人生計画等々について、彼女は訊《たず》ねようとしなかった。私から彼女への数少ない質問に対しては、彼女は箸の手を休めることなく、ごく簡潔に答えた。

「それなりに努力はしてみたけれど、英語が母語でないことが、アメリカでの就職を難しくした。家族はまだ向こうにいる。私は台湾で仕事をしながら暮らしていく。うまく説明できないけど、難しい生活だった」

私は食べきれそうもない豚の血の塊を、彼女の鍋に放り込んだ。彼女は、「ありがとう」と言ってから、血の塊をパクリと食べた。

店を出たあと、大通りの脇を歩きながら仕事のことを少しだけ話した。彼女はいま、市内の高層ビル街でオフィスワークをしている。

「それは素晴らしい。台湾にいれば、逆に英語を使えることが就職では強みになるでしょうに。需要はたくさんありそうだから」

するとと彼女は、「なぜ?」と、つっかかるように言い返してきた。

「なぜ英語を使わなくちゃいけないの? 私は英語が嫌だから、わざわざ台湾へ戻ってきたのに。英語はもう話したくないの」

それから彼女は続けざまに、「明日は仕事が終わったら宿まで迎えに行くから、そのあと一緒に本物の屋台飯を食べに行こう」そう言い残して、道路脇にとめていたバイクにまたがり、ヘルメットを着けてエンジンをかけた。

アメリカでたった一度だけ、笑いをこらえきれなくなった彼女の姿を見たことがある。パソコンの前でチャットやゲームをしているときや、漫画を読んでいるときに笑いだすことはたまにあったが、あるとき会話の途中で、彼女が大笑いしたことがあった。昔、台湾で暮らしていた頃の話で、彼女が親友と二人で漫才をやっていたというものだった。

「私が怪獣の役で、友達が怪獣を退治する役。私たちはいつもコンビを組んで、クラスメートを笑わせていた。男の子も圧倒する勢いで」

彼女は、こみ上げてくる笑いを苦しそうにこらえながら、当時の様子を嬉々《きき》として話した。私はその話に対して、どんな反応をすればよいのかさっぱり分からなかった。窓外には美しい針葉樹林が広がっていた。私は、石造りの暖炉のそばに置かれた西洋風のソファに背をもたせかけ、怪獣について考えてみたが、具体的な情景はまるで浮かんでこなかった。

仕事がひけると、彼女は約束どおり宿にバイクで迎えに来た。宿は菓子屋の二階にあって、店の奥の開閉式の大きな鏡が秘密の入り口になっているような、違法の宿泊施設だった。

「居心地はどう？　心配してたんだけど」

彼女は殺風景な部屋を見まわし、弾む声で私に訊いた。「素晴らしい」と私は言った。

「オーナーは？　親切にしてもらってる？」

オーナーの中年女性は、たいてい隣の居間にいた。ゴムのゆるそうなパンツ姿でソファに寝転がり、いつも何かを食べながら大音量でテレビを見ていた。「素晴らしい女性だよ」と私は大げさに言った。

「挨拶をするとね、必ず部屋から飛び出してきて、菓子パンを一つくれるのよ」

私のベッドのまわりには、たまってきた菓子パンが、無造作に散らばっていた。

「どうやら元気にやっているみたいね。心配して損したよ。まったく」

彼女から笑みがこぼれると、私はつい嬉しくなって、菓子パンをいくつかプレゼントした。

私をバイクの後ろへ乗せ、彼女は行きつけの屋台や、夜の市場、労働者がよく出入りする飲食街を効率よくまわった。私たちは、できるだけ臭く、粗く、安く、まるで飾り気のない店ばかり選んだ。彼女は、焼きとうもろこしや餅の肉詰め、緑茶と乳酸菌飲料のちゃんぽんジュースを勧めたあと、「臭豆腐を今度こそ食べよう」と言って私を豆腐屋へ連れていった。

実際、豆腐は鍋よりずっと臭く、食欲をそそるものではなかった。

「こういうものは病みつきになる」

美味しそうに食べる彼女の姿をしばらく黙って眺めていたが、私は促され、とうとう一かけだけ口へ入れた。臭かった。けれど臭みが顔中に広がると、不思議な気持ちよさがあることに気が付いた。それは、臭みにはまったついでに、どうせなら、もう一かけ迎え撃ちたいと思わせるような、意欲を掻《か》き立てる味だった。

私たちはバイクにまたがり、宿へ向かって走りはじめた。降りだした雨が路面を濡らし、私は彼女の肩越しにスピードを落とすよう注意した。

「覚えてる？　昔、フリーウェイでもスピード違反で捕まったでしょ」

何度も捕まったので、どのことだったか思い出せない、と彼女は言い、「雨があたっていないか」と私に訊いた。

「大丈夫。全部あなたにあたっているから」

彼女の肩を軽く叩くと、「それはよかった」と言って、彼女はさらにスピードを加速させた。ハンドルを握る彼女に、より強い風と雨粒が直撃している。

第十話

ヤギの内臓

――ネパール

大蛇《おおなた》が空を切り裂くかのように振り下ろされた瞬間、ヤギの頭部と胴体は真っ二つに切り離された。

胴体を失ったあとも、頭部は本能に従い動きつづけた。千切れた首筋をひねりながら地面を迫《せ》り上がり、耳の先をパタパタさせて地表の砂を叩いた。頭のない胴体は四肢を痙攣《けいれん》させ、男性たちの手によって、すぐにタライの上で逆さ吊りにされた。ぽっかり穴の開いた首から鮮血が滴り、赤ピンク色の濃厚な液体がみるみる間に大きなタライを満たした。儀式の終わりに、女性がヤギの顎を上向きに支え、鉄のコップから水を飲ませると、ヤギは宙を見上げたまま両目の光を失い、だらりと力を抜いた。

ネパールの一年を通じて最大の行事、ダサイン祭を山岳地帯の村で見物することになったのは、まったく偶然のなりゆきだった。祭りの前日に、私はネパールに暮らして四年になる姉と山沿いの道をバスで移動していて、たまたま同じバスに乗り合わせた一人の青年と知り合った。彼のほうから突然、姉に声をかけてきたのだ。

普段はトレッキングツアーのガイドをしているという青年は、比較的こなれた日本語に英単語を時々織り交ぜて話した。どうやら青年は、これから故郷の村へ里帰りしてダサイン祭を祝うらしく、せっかくの機会なので一緒に村へ行き、私たちも祭りを体験していってはどうかと提案された。温和な笑みを浮かべつつ、彼は熱心に私たち姉妹を誘った――自分の両親や兄弟や親戚に会い、父親から〝ティカ〟をもらっていくべきだ、と。

姉と私は、顔を見合わせた。

第一に私は、日本語で気軽に話しかけてきたガイドと自称する男性を、簡単に信用するわけにはいかなかった。それに、たとえどんな外見の人間であれ、やさしそうな笑みの本質を突き止めるまでは安易に警戒心を解くべきではない、という持論もある。加えて、姉はその頃体調面に不安を抱えていて、山間の村での滞在に耐えられるかどうか分からなかったし、そもそも村に着いたあと、彼の父親にもらうべきものの正体すら不明だった。ティカ？

姉は、青年を疑う様子もなければ、好奇心を剝《む》き出しにしてはしゃぐこともなかった。祭り好きなネパールの人々の文化を、「すごくかわいいお国柄」といつもと変わらず好意的に表現しただけで、残りの判断は全て妹の私にゆだね口を閉じた――村へ行ってみたい気持ちとは裏腹に、必要以上にぶっきらぼうな態度をとる妹の内心を見透かしているかのような、涼しげな面持ちで。

それにしても、彼はよく話す人だった。沈黙を避けるように、次々と話題を繰り出した。けれど少し気が弱そうなところもあって、無愛想な私にではなく、僧院で修行中だった温厚な姉にばかり彼は話しつづけた。誘いは徐々に説得になり、ついには祈りにも似た懇願になった。しばらく思い悩んだ末、村へ行ってみることに決めた——青年がなぜこんなにも執拗《しつよう》に私たちを祭りに誘うのか……その理由《わけ》を突き止めるために。

私たちは途中でバスを降り、買い込んだペットボトルの水をリュックへ詰め込むと、青年のあとについて村へと続く山道を登った。森の木々の間を縫って歩き、橋のない小川をズボンの裾をたくし上げて進んだ。汗を吸ったシャツが体に貼りつき、ペットボトルの水はどんどん目減りした。青年は途中休憩を入れ、情けない顔でこう繰り返した。

「もうすぐ着くね。僕のお父さん、お母さん、待ってるね」

私と姉は荒い息を吐き、顔面の汗をぬぐって顔を見合わせた。

山頂近くの少し開けた場所へ出ると、斜面に作られた美しい棚田のあぜ道を歩いた。そこから見える青年の実家は、土壁にわらぶき屋根をのせ、バナナの木々に囲まれて立っていた。艶やかなバナナの葉の間から、サリーの鮮やかな赤が見える。

二十五歳の青年には、両親と妹と弟がいて、妹には三歳と一歳の娘、弟とその妻の間には生まれたばかりの赤ん坊がいた。村にはガスや水道はなく、発電機が動いている間だけ、蛍光灯の明かりが家族の活動範囲を照らしていた。敷地内には母屋とトイレと家畜小屋、それからシングルベッドがようやく一台収まる程度の小さな納屋が立っていて、姉と私は納屋のベッドを使わせてもらえることになっていた。けれど私は、できることなら一晩中、庭に置かれた椅子に座ったまま夜明けを待ちたい気分だった。

「美しい星空を一晩中眺めていたいから……」

私は青年にそう言ったが、それは半分が本心で、もう半分は嘘《うそ》だった。

土とわらで作られた納屋の床には、たくさんのゴキブリが走りまわっていた。すばしっこいものは壁をよじ上ったりベッドの脚を駆け上がり、元気なものは跳ねたり飛び回ったりした。大小さまざまな蚊が空間を忙しなく行き交い、壁のあちらこちらには、幼児の手のひらほどもある黒いクモが長い脚を広げてへばりついていた。納屋の多彩な生き物たちのせいで、私たちはよりいっそう、外で夜空を見上げていたい気分になっていた。そして、そろそろ納屋で休んだほうがいいと再三促す青年に、私たちはついに白状した——クモが怖いのです、と。

その瞬間、青年の顔が、パッと明るくなった。彼は妹を呼びに行き、二人は楽しげに納屋へ入ると、大はしゃぎでクモを退治しはじめた。私たちが虫に怯《おび》えると、青年は余裕に溢れた表情を浮かべ、私たちに言った。

「怖いですか？　全然怖くないですよ」

彼は笑いながらクモを手摑《てづか》みにして納屋の外へ放り投げた。兄妹が納屋を出ていったあと、姉と私は、長袖長ズボンにフードをかぶり全身を覆い隠した。サングラスをかけ、靴下を穿いたまま蚊帳《かや》の中へもぐり込んだ。

「明日の朝、生《い》け贄《にえ》の儀式を見たらすぐに山を下りよう」

私たちは下山の計画を確認し合い、シングルベッドで身を寄せ合って目を閉じた。

母屋からは、家族が立てる小さな物音やささやきがいつまでも聞こえていた。体はとても疲れているのに、虫の存在が気になって、眠りはなかなか深まっていかなかった。けれど、深夜に降りだした大雨が屋根のわらを激しく叩きはじめると、突然強い睡魔に襲われた。雨音が虫や野外の雑音を遮り、自然の騒音に包まれて、私の神経はようやく緊張を解いたのだ。

どれくらい眠ったかは分からない。私は肩の痛みを和《やわ》らげようとして狭いベッドで寝返りをうった。すると木製のベッドが大きく軋《きし》み、その振動で頭上の蚊帳が揺さぶられ、次の瞬間、私は両目を剝いて姉の腕にしがみついた。

「ちょっと！　何あれ。むっ虫、虫が！」

真上の蚊帳が大きく沈み込み、そこに拳ほどもある巨大な虫がぶら下がり、蚊帳と一緒に揺れていたのだ。虫が網の向こう側にいるのか、こちら側にぶら下がっているのかは、暗闇の中では分からない。目を覚ました姉が小さな悲鳴を上げると、また蚊帳が大きく揺れた。

「ちょっとぉ、動かないで！　虫が落っこちてくるでしょ」

「そっちでしょ、ユサユサやってるのは！」

私たちは恐怖に体を強張《こわば》らせ、虫を刺激しないよう息を殺し、渾身《こんしん》の力をこめて抱きつき合った。よく見ると、虫は表面がブツブツしていて、その一つひとつの粒が動いているようにも見える。

「もしかして卵？　虫の卵じゃないの？」

「孵化《ふか》してるってば、ほら！　刺激するから！」

虫の赤ちゃんがうじゃうじゃ這いだし、いまにもぞろぞろと降り落ちてきそうで、私たちは息も絶え絶えだった――あとにも先にも、あれほど激しく姉妹で抱き合うことはないだろうし、あってはならない。しばらくして目が暗闇に慣れると、その虫は蚊帳の上にのった小さな乾燥トウモロコシに変わっていた。

動物たちが朝を告げる声で目が覚めた。外からの物音には、子どもたちが駆ける音や笑い声が交わり、壁のすき間から漏れる伸びやかな光の広がりがこの日を迎えた村人たちの弾む心を映し出していた。神に感謝し、みんなが肉を食べられる特別な日。祭りの朝がきたのだ。

村の各々の家は、家族の規模とその年の財政状況に合わせて、生け贄にするヤギのサイズを決め、祈りを捧げてから次々に首をはねた。その作業は、いつも同じ数人の若者が、民家を順番にまわって執り行った。ヤギの角と後ろ脚を固定する役が二人と鉈を振り下ろす役が一人。腕っぷしのいい若い衆三人は、見事な連携プレーを披露した。

青年は、私たちを連れて家々を巡り、ガイドらしさを発揮して案内役を買ってくれたが、彼自身が儀式の役を任されることは最後までなかった。青年は、うかつにヤギに近づくと離れるよう注意されたり、弟の指示でタライを運んだりしただけで、見せ場はまわってこなかった。弟を含む村の若い男性たちは、青年とは対照的だった。寡黙であまり笑顔を見せない代わりに、手際よく儀式を進行し全ての首を百発百中の鉈さばきで落としてみせた。

首切りの儀式が終わると、ヤギの解体が始まった。地肌に熱湯をしみ込ませ、表面の毛をむしり取り、胴体を切り開いて、臓物を順に取り出していった。ぎっしりと草をため込んだ胃袋が取り出されると、ヤギの体の中はすっからかんになってしまった――実際に食べられる部分は、それほど多くはないらしい。

一家の男性たちは、臓物を部位別に丁寧に仕分け、皿に並べた。長い腸の中には、でき始めのゆるくて歪《いびつ》なうんこから、肛門近くの固くて立派なものまで、黒い玉がびっしりと詰まっていて、それらを指でしごき出すと、腸は使い古されて伸びきった一本のゴムチューブのようになった。そして、それらの部位は、鮮度を落とせないものから順に女性たちのもとへ運ばれ、さまざまな料理へと姿を変えていった。

姉と私は庭に並んだ椅子に腰かけ、出されたものを順に食べた。高く昇った太陽の陽射しが、皿にのった臓物を隅々まで照らし出す。

一品目は、ヤギの血を炒《い》って固めたものをごはんにまぶして食べた。黒い小さな粒となった血液は、その高い鮮度のおかげで癖も臭みもなく、その柔らかい食感は、まるで細かくした絹ごし豆腐のようだった。ほんのりと効いた塩味が白いごはんに合っていて、私たちはすぐに食べきることができた。

二品目は、おそらくレバ刺しだった。青年はこれをキドニー（腎臓）と説明したが、見た目は肝臓にそっくりだった。ただし、私は腎臓を見たことや食べたことがなく、もしかすると青年が言うとおり、本当に腎臓だったのかもしれない。どちらであれそれは、たったいままで臓器として機能していたものを生のままぶつ切りにしたものに違いない。

姉は一かけ口に入れて、しばし声を失った。それから、「のみ込んだものが逆流してくる」と苦しそうに呻《うめ》き、残りを全て私の皿に移した。

体内から取り出されて間もない臓物は、腐敗臭のない一級品だった。けれど、スライスされていない臓物は断面が粗く、舌の表面にひっかかって口内をざらつかせた。ごま油や塩の味がしない、混じりけのない血の味だけが口の中いっぱいに広がると、たまらずコップの水に手が伸びた。

三品目は、臓物の混合カレーだった。指サックや輪切りにしたホース、スポンジや布切れのようなものまで、さまざまな姿をした臓物が一堂に集まって黄土色のスパイスに絡まり、私たちの目を楽しませた。それらの臓物は、食感に覚えのないものばかりだった。いったいどれくらいの強さで、どのくらいの時間咀嚼《そしやく》すればよいのか分からず、顎がくたびれてしまった。結局、中途半端な大きさのまま、無理やり唾液と一緒にのみ込んだ。

昼食最後の四品目は、皮膚のスパイス炒めだった。四角く切り取られた厚さ七ミリほどの皮にかぶりつき、けれど、まったく食べることができずに皮を皿へ戻した。皮膚は分厚いゴム板のように頑丈で弾力があり、私の顎の筋力では、嚙《か》み切ることはおろか歯の先をわずかに食い込ませることさえ不可能だった。私は嚙みつく角度を何度も変え、柔らかそうな皮を選び、前歯や奥歯を使い分けて再挑戦した。無駄だった。一家のおばあちゃんが不思議そうな顔でこちらを見ながら、皮をガリリと噛み切った。私は白旗を掲げて、皮ののった皿を返した。

昼食を終えると、下山の段取りと麓から街へ戻る交通手段について訊ねた。青年は、祭りの当日はバスが走っていないと言ったり、走っていると言ったり、交通情報については詳しいので心配するなと自信たっぷりに言ったりして、話を二転三転させた。

「それより、僕の村、案内しますよ。村の人、バスのこと知ってるから、訊くことができます。心配ないですよ。今夜も泊まってくださいね」

私たち姉妹は、バスの情報を集める目的で、青年について村を歩くことにした。出がけに庭の奥へ目をやると、青年の父親が棒にぶら下げたヤギの頭を焚き火にかざし炙《あぶ》る姿が見えた。

青年は、かつて自分が通っていた村の学校や畑を案内してまわり、けれどバスの話になると、要点をいつもはぐらかした。そして、小学校の教室へ足を踏み入れた彼は、笑顔でカメラの前に立った。黒板の前で、机に囲まれて、青年は数枚のスナップ写真にいつも笑顔で収まった――レンズを向けられるたびに見せる、あるお決まりのポーズを決めて。

彼の存在感は、カメラの前に立つと薄くなるような気がした。それは庭先で一家の記念写真を撮ったときに、より顕著になったことだった。

撮影が始まると、弟は着古したTシャツを脱ぎ、一帳羅のシャツに着替え、同じく着飾った妻と赤子を連れてカメラの前に並んだ。両親も、妹も、彼女の子どもたちも盛装した。一人として表情を緩める者はなく、毅然とした態度で整列し、記念撮影に臨んだ。一方、青年は左右に大きなポケットのついたチノパンを穿き、白い歯を見せピースを決めたり、私たち姉妹と肩を組んでおどけたりした。ファインダーの向こうで、空気は緊張感を失った。味のないのっぺりとした景色が、フレームの中に残った。

山の斜面を照らす光が、淡い桃色を帯びはじめていた。あと数時間もすれば、昆虫たちと過ごす二度目の夜がやってくる。村の女性たちが、サリーの裾を優雅になびかせて農道に現れ、こちらに向かって一礼してから、ささやかな笑みを残して過ぎ去った。夕陽が村の家々を橙色に染め上げたあと、上空には再び、あの星だらけの贅沢《ぜいたく》な夜空が現れるに違いない。私はカメラをケースにしまった。そしてゆっくりとした足取りで、来た道をひき返していった。

青年の家に戻ると、夕闇の庭に父親の姿を見つけた。彼は、まだ同じ場所にしゃがんだまま黒こげになったヤギの頭と格闘していた——回転させたり、上下に振ったり、顎を引っぱってみたり。すっかり日が暮れるまで、父親はその場から動こうとはしなかった。

夜になると、青年の妹と弟の妻（嫁）に誘われて、私たち姉妹は母屋を訪れ、囲炉裏《いろり》を囲んで座談会を開いた。土の床に掘られた穴の中で細かい枝が音を立てて燃えていて、その上には大鍋がかけられていた。ついに肉の出番がきたらしく、鍋の中からはマトンカレーの馴染みある香りが漂ってきた。五品目に対する期待は膨らむばかりだった。女四人が火のまわりに座った。青年は妹の後ろにしゃがんで、言葉が通じない女四人のために通訳をしてくれた。

「僕の妹さん、二十一歳ね。お嫁さん、十八歳ね」

二人の若さに私たちが驚くと、妹は照れくさそうに笑った。するとそこへ父親が現れた。穏やかな顔をした初老の男は、ヤギの目玉と脳みそがのった皿を妹に手渡し、少ない言葉を残して部屋から出ていった。妹は、大鍋を火からはずして小鍋に置き換え、その中に脳みそと二つの目玉を滑り込ませた。

「お父さん、目玉と脳みそ好きね。お父さんだけ食べる特別なもの」

妹は、小鍋をお玉でかき混ぜながら、あきれたような顔をしてみせた。

「妹さん、十八歳で結婚したね。お嫁さん、十六歳のとき、結婚したね。とっても若い」

姉と私は好奇の目を嫁に向けた。嫁は突然注目を浴びると、上目遣いでこっちを見て恥ずかしそうに微笑んだ。そしてさっきからそうしているように、囲炉裏の火にかざして温めた手のひらを、赤ちゃんのお尻にそっと押しあてた。

私はふと、弟はどこに行ったのだろう、と考えた。彼は、朝から忙しく働いていた。妻と生まれたばかりの子どものために、何度も水牛の乳を搾《しぼ》り、体調の戻らない妻に代わって汚れた衣類を手洗いし、黙々と仕事をこなしていた。生け贄の儀式を無事に終え、役目を果たした弟は、おそらく村の男たちと束の間の時を過ごしているのだろう。

「明日、お父さんにティカ、もらうね。みんな嬉しい、楽しいね」

青年は、村の伝統について解説を始めたが、話の途中で妹に命令されると、皿とタライを持ってうろたえた。妹は、お玉で目玉をすくい上げ、煮え具合をチェックしてから、また小鍋の中へポチャッと戻した。

※ティカ＝幸福を祈願して、額に赤い練り粉で〝しるし〟をつけてもらう儀式

第十一話

グリーンティー

――パキスタン

ナンパしてきた男について行ったのは、あの甘いお茶のせいで気持ちが緩んでいたのかもしれない。そんな分析をしたのはずっとあとになってからで、そのとき頭にあったのは、隣の男の欲求をどうやってかわし、何事もなかったかのように部屋を出ていくか、ということだった。男が体を揺らすと、ソファ代わりに腰かけているシングルベッドのマットが、窮屈な音を立てた。私は、二・五メートル先にある出口のドアにサッと目をやり、距離をもう一度確かめた。そして、男の息が右耳にあたったのを機に、仰々しくため息をついて立ち上がり、大股で出口へ向かうと、ドアを力いっぱい引き開け外へ出た。

表の通りから歩いてきた男の友人が、「どうしたんだい」と声をかけ、私は、「どうしたかはあなたの友達に訊いて」とだけ冷たく答え、通りへ出てタクシーを探した。夜空は排気ガスで重たく濁り、行き交う車が砂塵《さじん》を巻き上げ騒音とともに走り過ぎていく。

この二人に出会ったのは、アフガニスタンに隣接する街、ペシャワールの中心部にある小さなお茶屋さんの中だった。

私はその頃、砂糖を入れて煮出したグリーンティーの味と文化に心の底から恋をしていて、毎日お茶屋さんに通うことに無類の喜びを感じていた。店の軒先に置かれた大きな給湯タンクのまわりに、子分のようにティーポットが並び、沸騰するポットの中の茶葉が香り高い湯気を立ち上らせていた。

スチール製のティーポットが立てる、オモチャのような音が好きだった。色とりどりのポットにできた、凹みや歪《ゆが》みや色落ちが、なんともいえず愛おしかった。

私は日に何時間も、ポットを眺め、お茶を注ぎ足し、めまぐるしく人に出会い、言葉を交わして過ごした。若者、老人、少年、紳士、労働者や難民にいたるまで、人々はポットを持ってテーブルに現れ、茶碗を手に語りつづけた。まるでお茶の甘さに吸い寄せられたミツバチたちのように。もちろん私もその一匹だった。

私は、そのお茶のまわりに集まるミツバチたちに対して、さらにはそこへ集まる全てについて、ずいぶんと寛容な気持ちになっていた。そこへ小太りの若い男と、友人だという細身の男が現れ、私たち三人はタクシーに乗ったのだ――もっと美味しいグリーンティーを一緒に飲むという約束で。

小太りの男と私は途中でタクシーを降り、細身の友人が自宅へ戻って自家用車で再び迎えに来るまで、男の家で待つことになった。そして面倒なことが起きた。

細身の友人は、小太りの男をひとしきり怒鳴りつけ、それから私に謝りを入れて、自分の車で私を宿まで安全に送ると約束した。彼は申しわけなさそうに助手席のドアを開けると、私を中へ促し、一方で男を叱りつけながら後部座席へ押し込んだ。

「だから僕が注意したのに」

車が走りだすと、運転席の友人はため息交じりにそう呟いて、アクセルを強く踏み込んだ。

「僕はね、コイツに言ったんだよ。変なこと考えるなよって。彼女はそういう女じゃない、見れば分かるだろって言ったんだ」

後部座席から男が乗り出してきて、反省を意味する単語がたくさん入った長いスピーチを英語でしたが、私は、口を閉じたままただ前方をじっと見ていた。小太りの男は現地語で何か言い、運転席の友人がそれを制した。

「たしかにこのあたりには、そういうことを目的に来る外国人女性が少なくない。だから、コイツは勘違いしてしまったんだ。だけど僕にはすぐに分かった。君の身なりや言葉遣いを判断すれば、それぐらいのことはすぐに分かる。だからね、僕は純粋に君との出会いを楽しんで、街の歴史を紹介したり美味しいものをたくさん食べて、いろんな話がしたかっただけなんだ」

それからバックミラーに目をやりながら、彼も反省しているし、ずいぶんと落ち込んでいるので赦《ゆる》してやってほしいと言った。私は前方を見たまま、惨めにしぼんでいるであろう男の姿を想像し、「赦さない」と宣言してから〝絶対に〟と言葉を足した。

「たしかに君の言うとおりだ」

運転席の男性は、どこか楽しげに同調した。

「ただ、せめて僕たちが卒業した大学を案内させてほしい。それが今夜の目的だったのだから」

彼はそう言って学生街に車を走らせた。私は窓外に揺れる砂まみれの街路樹に視線を移し、男性のおしゃべりを適当に聞き流した。そして、〝今夜の目的はお茶を飲むことでした〟ともっともな訂正を入れる代わりに、なんだか投げやりな気分になって事の流れに身を任せた。

長い歴史を持つ大学のキャンパスは広大で、どこかの有名なモスクのような洗練された美しさと清潔さを保ち、手入れの行き届いた緑を備えていた。男性は、大学の歴史やカリキュラム、街の経済や軍政についてひととおり説明したあと、一棟のビルを指さして、昔あそこに僕の好きな人がいた、と照れくさそうに言った。

「彼女は女子寮にいたから、僕は建物の外で、彼女が窓から顔を出すのをいつも待っていたんだ。彼女が好きだったたし、彼女も僕が好きだった。だけど彼女は、あるとき僕の前から姿を消した。そして他の男と結婚した。彼女の従兄と。その後、僕も妻をめとった」

「いとこ？」

「許婚《いいなずけ》だよ」

大学の周辺には、大通りにはない静けさと落ち着いた雰囲気があった。私と男性は並んで歩き、背後からは、とぼとぼとあとをついてくる哀れな男の足音がしていた。私はどうしても気になって沈黙を破り、近親婚によるリスクについて訊ねた。

「科学的なことは僕には分からないけど、少なくともこの地域では、見合い結婚のおよそ八割がいとこ同士で結婚している。まだまだ保守的なんだ」

「あなたも？」

「僕は違うよ。都会っ子だからね」

いとこ同士の結婚は、花嫁側が持参金を支払わなければいけない国ならではの、金銭的合理性に基づく選択だった。つまり親戚同士の婚姻であれば、持参金は身内の間で循環し、一族は資産の流出を防ぐことができる。

「なるほど……」

それならば、みんなで持参金制度をやめにして自由に結婚すればどうなのか、と言いかけて私は口をつぐみ、棟の小窓にともる頼りない灯りを見上げた。

男性は、私を宿の前まで送り届けサイドブレーキを引いてから、「明日の夕方四時はどうか」と言った。

「今日は本当に悪かった。明日こそは、ちゃんとしたお茶屋さんに連れていくよ。それから食事も」

私は、携帯の番号が書かれたメモを受け取り、車のドアを静かに開けた。男性はもう一度、「彼を赦してやってくれないか」と困った顔で言った。私は、送ってもらったことに対する礼を述べ、「でも赦さない」と少しだけ笑みを浮かべて答えた。

翌日の夕方、細身の男性は一人で迎えに来た。友達は前夜の行いをひどく恥じていて、もう私とは顔を合わせられないような垂れ、家に閉じこもっている、と残念そうに話した。

車はラッシュアワーの大渋滞をようやく抜け出すと、私のリクエストに合わせてアフガニスタンの方角へ走りはじめた。狭い路上には車だけでなく、馬車やヤギや行き交う人が入り乱れ、夕暮れ時の混沌《こんとん》とした熱気が漂っていた。家々の乾いた外壁が続き、遥か前方には緑の少ない丘が見えた。私の期待は膨らんだ――このまま前進していけば、絶景と評判のアフガニスタンの峠へ暗くなる前にたどり着けるかもしれない。けれど集落を抜けたあと、彼は大きな川を越えたところで右へハンドルを切り、野外レストランが立ち並ぶ川岸の広場に車をとめた。

「ここまでが僕の限界だ。ここから先は部族社会で警察の力が及ばない。君の安全を保証できないし、僕だって殺されるかもしれない。特にこんな西洋風のシャツを着て、黒いズボンを穿いている場合はね」

私たちは車を降りて、一軒の簡素な店に入った。中には手作りの木製ベンチとテーブルが置いてあるだけで、あとは重たそうな蓋《ふた》の付いた巨大なクーラーボックスが一台あった。店の人に中を見せてもらうと、サイズや形の違う魚が未整理のまま入っていた。それらは全て川の魚で初めて目にする種類だった。

「魚は好き?」

そう訊かれて、私は感慨深く頷き調理方法を考えてみたが、思いついたことといえば、川魚に対する自分の知識がほとんどないという事実だけだった。彼は、比較的小さくて新鮮そうな魚を選び、それから川辺のベンチに座った。なぜ小さな魚を選んだのか、それらがどんな料理に姿を変えるのかは不明だったが、あえて何も訊ねなかった――彼には確立されたある種の段取りがあって、すべてを任せてしまうほうが、物事がスムーズに運んでいくような気がしたからだ。

私たちは、向かい合ってペプシを飲みながら、今夜の料理を待つことにした。すると彼は少し苛立たしそうに、前夜の友達の行いを指摘し、その原因について解説を始めた。

「問題は、アイツがまだ独身を貫いていることだ。彼の頭の中は女のことでいっぱいなんだよ。だから僕はいつも、早く結婚するように言っているんだ。そうすれば彼も強い性欲に苦しまなくてすむはずだから」

「それで、彼は何て言ってるの？」

友達は結婚に対する理想が高く、もっとたくさんお金を稼いで社会的地位を高めてから、良家の美女をめとることを夢見ているのだ、と彼は言った。

「彼ももう三十歳だ。家庭がなくては落ち着かないし、欲求不満が原因で仕事だって手につかない。それで、モラルや分別に欠ける行動を最近はよく起こすようになった」

素揚げされた魚が、焼きたてのナンと一緒に運ばれてきて、私は目を奪われた。皿の上に重ねられたナンは、それまでに食べたどのナンよりも白く、布のように柔らかい手触りだった。

「彼は私に、二十七歳だって言ったわ」

　男性はナンを勢いよく千切り、そこへ揚げた魚を挟んだ。

「アイツは時々嘘をつく」

　と彼は言ったが、揚げた魚のサクサクした気持ちよい音が会話を掻き消し、口の中で崩れるアツアツの皮が話題もろとも吹き飛ばした。塩と油とナンと魚は、それぞれがシンプルに、しかし絶妙のバランスと食感で私の舌を説き伏せ、忘れていた食欲を激しく掻き立てた。私は逸《はや》る気持ちをどうにか抑え、心にわいた感動を洗練された言葉に置き換えようと試みたが、とにかく熱いうちに食べきるようにと急き立てられて、結局一言もしゃべることなくあっという間に魚を食べ尽くした。そして嵐のような夕飯が終わると、お互い手持ち無沙汰になった。食事で中断された会話にも戻りそこね、語るべき話題も見あたらなかった。リズムの悪い音楽を聴いているような、ちょっとした居心地の悪さがあった。

　空になったペプシの瓶を彼はそっとテーブルにのせ、川面に視線を移してから、「かつて、僕と妻はこんなふうに食事を楽しみ、よく二人でドライブをした」と静かに言った。一瞬、目が合うと、彼は顔を歪めて微笑み、それから私たちはそれぞれ気ままに、眼前に広がる風景を見るともなしに眺めた。

「僕たち二人は似た者同士で、自由でモダンな生活を楽しんでいた。とても素晴らしい時間を一緒に過ごして、本当に幸せだった。だけど僕は、そんな生活を失った。もう彼女は僕のもとにはいない。そしてもうすぐ、離婚が成立するだろう」

次から次へと物乞いに来る少年たちを、彼はすぐに追い返した。「妻とやり直すことはできないのか」と私は訊いた。

「できることならそうしたい。僕は彼女との間に息子をもうけて、立派な家庭を築きたかった。いまでもそうしたいと思っている」

「娘ではダメなの?」

私は、おそらく彼にとっては意味のない、けれど率直な疑問をぶつけた。彼は顔をしかめて、「息子が欲しい」と呟いた――それはこの社会の中でとても重要なことだから、と。

増水した川の水は、茶とも緑とも言いきれない微妙な色に混濁していた。少し沈黙があったあと、「妻はいまどこにいて何をしているのか」と私は訊ねた。

「彼女は実家に帰っている。仕事は変わらず続けているよ」

彼は少し言葉を切って、窮屈そうに体を揺らし、「彼女は僕たちの最初の子どもを流産した」と打ち明けた。

「それで全てが崩れ去ったんだ」

また子どもをつくればいいではないか、という私の意見に、彼は途中から身を乗り出して、言葉を上からかぶせた。

「僕だってそう思っている。僕は妻に言ったんだよ、何も気にすることはないし、次はきっと大丈夫だからって。だけど彼女は失望して、ノイローゼになってしまった。昼間に僕の職場まで何度も電話をかけてきて、他の女と会っているんじゃないかって、僕のことを疑った。産めなくなった妻を捨てて、僕が別の女との間に子どもをつくろうとしているって、勝手な想像ばかりした。僕はそんなことは一度だってしていない」

彼は大きな手振りをつけて、「そもそも僕は」と熱っぽく言った。

「僕は、他の女との間にできた息子なんて欲しくない。ただ彼女の息子が欲しいだけだ。僕はいまでも、妻のことが好きだよ。妻には教養がある。それに彼女はとてもオープンな性格なんだ。僕たちはあの小さな車で、いろんな場所へ一緒に出かけた。僕たちには共通の趣味があって、それがドライブだったんだ。そんなことができる女性は、このあたりではとても珍しい。だから僕は幸運だったし、妻も幸せそうにしていたんだよ」

彼は、離婚が成立してしまったとしても、他の女性と再婚する考えはなく、一生独り身のままだろうと言った。そして同時に、どうしても息子が欲しいと、やはり諦めきれない様子で話した。

一組の中年のカップルが、香を焚《た》いた空き缶をぶら下げてやってきた。二人は私たちの前に立って視界を遮《さえぎ》り、物乞いの祈りを捧げはじめた。彼は夫婦に小銭を手渡して立ち去るよう促したが、二人は金額が少ないことを理由に激しい口調で抗議してきた。彼は立ち上がって二人を追い払ったあと、「みんな狂っている」と不満を押し殺すような声を出してベンチに座り直した。

「せっかくの楽しいひと時に、邪魔が入って申しわけない。パキスタンの恥ずかしい姿を君に見せてしまった」

彼は苛立ちを鎮めるように、「もう一本ペプシを頼もうか」と気を遣ってくれたが、私はまだ最初の瓶すら半分も飲み終えていなかった。川べりに繋がれた数艘の小舟が、波に揺られて船体をぶつけ合っていた。陽が傾き、川面《かわも》から吹き渡ってくる風の温度が、さっきよりもまた少し低くなったような気がした。こんなときに味わう温かいお茶は、きっと格別に違いない。

イスラム教のこの国で、夫の意思に反するかたちで離婚が容易に成立したり、女性自ら夫と別れ、独りで生きる道を選んだり、そもそもそんな状況を親類や社会が容認したりするものなのか、にわかには信じがたかった。それと同時に、妻の気持ちが落ち着いた頃にもう一度じっくり説得すれば、妻はきっと彼のもとに戻ってくるような気がした。

彼は青く潤んだ瞳を小刻みに左右に動かしながら、「彼女は知っているんだ」とポッリと言った。

「彼女は、医療関係の仕事をしていて病院で働いている。流産のあとの妊娠について、僕よりも知っているのかもしれない」

彼はもう、妻と面会することも話し合うことも不可能なうえに、妻の両親や取り巻きの手配で離婚がもうすぐ決まると言った。そして、離婚がいったん成立してしまうと、その女性を再び取り戻すには方法は一つしかない。元妻が別の男性と再婚して性交渉を持ち、後に再び離婚するという一連のプロセスを経なければいけないのだ。

いつの間にか日が暮れて、あたりは薄暗くなっていた。お茶が登場する気配は最後まで現れず、長い会話は、結局どこにもたどり着けないまま、ぎくしゃくと幕を下ろした。私たちは車に乗り込み、街のほうへと戻っていった。

街の中心部まで来ると、彼は車をたくみに操り、繁華街の入り組んだ小道へ入った。道の両脇には商店が立ち並び、大きな肉の塊やナッツの山が白熱灯に照らされていた。一帯は熱気に包まれて、商店の若い見習いたちが、ふざけてこちらに手を振ったり、野次を飛ばして大笑いしした。

私はビデオを回し、機を見てカメラのシャッターを切った。羊の頭や屋台の煙を、遠足に来た小学生のように見まわし、牛のあばら骨を指さして感嘆の声を漏らした。彼は車のスピードを落とし何度もこちらを見ながら、はしゃいだ様子でこう繰り返した。

「だから思ったんだよ。ここならきっと、君が喜ぶだろうって」

商店街の終わりが近づくと、彼は私の感動が冷めないうちに、もっと写真を撮りたいのなら同じ道をもう一度走ってもかまわない、と提案した――まるで掌《てのひら》の中を滑り抜けていく手綱を慌てて手繰《たぐ》り寄せるように。

彼の喜ぶ姿は、もちろんいいものに違いなかった。私だって嬉しかった。けれど同時に、その場に漂う素晴らしいはずの空気には、気付かずに済ますことのできない小さな痛みが混入していた。私は液晶画面を覗き込んだまま、「できることなら」と彼に言った。

「お茶屋さんに寄ってもらえると嬉しい。今日はいろいろと楽しい思いをさせてもらったし、食事もとても素晴らしかった。だから私としては、お茶をご馳走することでせめてものお礼がしたい」

彼は表情を曇らせた。

「女性に支払いをさせるのはパキスタンでは反則だよ」

彼はフロントガラスの向こうを無言で見つめ、困惑ぎみに角を曲がった。そしてややあって、ようやく西側的基準を受け入れる気になったのか、茶屋に向かってゆっくりと車を走らせた。

店の裏手に車をとめると、私たちは通りに並んだベンチに、ポットと茶碗がのった盆を挟むようにして並んで座った。表の喧騒と打って変わって、とても静かな場所だった。彼はポットを少し傾け、白い茶碗へお茶を注いだ。

「僕の友達を赦してやってくれないか」

彼はまたそう言って、力の抜けた笑みを浮かべた。外灯の寂しい光のせいで、茶碗の中のグリーンティーは、昼間に見たサラサラした黄色の、あの透き通るような輝きを失っていた。

「あなたと奥さんの幸運を祈っています」

彼は黙って夜空を見上げ、緩やかなリズムを刻むように上体をしばらく波打たせた。それから、「ありがとう」と小声で言った。

私は手にした茶碗を鼻先に近づけ、少し香りを嗅いでから甘さを舌で確かめた。それは私が愛したグリーンティーで、それ以上でも、またそれ以下でもない。

第十二話
タコス
——メキシコ

二〇〇三年三月、アメリカで大学を卒業したばかりの春のことだった。私は、カリフォルニア州のナパバレーにあるワイナリーで、数人の知人とテーブルを囲み試飲用のタダ酒を飲んでいた。彼らはブドウ畑で肉体労働に従事するメキシコ系移民、ラティーノだった。ワインボトルを持った白人のウェイターは、私たちのテーブルへ来るとあきらかに軽蔑の眼ざしを向け、それからチクリと嫌みを口にして、ワインをグラスに注いだ。

あの頃、いろんな噂があった。

〝メキシコ――アメリカ国境付近の治安は近年、悪化の一途を辿《たど》っている。激増する不法移民の存在がアメリカ国内の雇用を脅かし、持ち込まれる武器、麻薬、数々の無秩序がアメリカ社会を不安に陥れている。ラティーノは貧しい。教養がなく、英語を話さない。ジーパンにだぼだぼのフリースを身につけ、タコベル（アメリカ系メキシコ料理ファストフードチェーン）で食べすぎてちょっと小太りな移民たち。アメリカの豊かな暮らしを夢見て入国を試みる移民はあとを絶たない〟

あれからもう、八年になる。

朝目覚めるとすぐ、私は中庭の椅子に腰掛けて自分のパソコンを開き、夜の間に届いたメールをひととおりチェックした。それから淹《い》れたてのコーヒーの香りに誘われるようにキッチンへ入り、開放された扉からさし込む朝陽の中で、ジャムとバターを塗ったトーストを食べた。メキシコ中部の街、アグアスカリエンテス。ホステル・ポサダの中庭から見上げるラテンアメリカの空は、今日もまた突き抜けるように高く、澄み渡る青。

ホステル・ポサダのキッチンにはいつも、センスのいいラテンミュージックが流れ、新鮮な食べ物とビールがあった。顔なじみの学生たちが午後のテーブルを囲むと、パーティーはいつも深夜まで続いた。居心地のいい空間を提供し、宿を切り盛りするのは、私と同年代のオシャレな管理人の女性。

アグアスカリエンテスに来て、メキシコに伝わるある素敵な迷信を私は耳にした。

〝サンアントニオ（聖アントニオ）の人形を逆さまにして飾っておくと、素敵な出会いが訪れます。そして運命の人を見つけたあとは、サンアントニオをもとの姿勢に戻してあげてください。ただし、必ずしも完璧な人と出会えるという保証はないので、ご注意を〟

学生たちは一日おきに現れ、ビール瓶を片っ端から空にした。男の子たちがキッチンに立ってサルサを準備する間、女の子たちは夜空の下で色っぽくタバコをふかした。男の子たちが料理を盛り付け、皿洗いに励む間、女の子たちはキッチンテーブルに宿題を広げ、ポップコーンを食べながら世間話に花を咲かせた。管理人はいつも、少しのビールとタバコを楽しみつつも、決して酒に飲まれることはなく、若者たちをほどよく束ね、機を見て必ず私にも声をかけた。

滞在四日目の午後は、前日とは打って変わって静かだった。私と管理人は中庭の椅子に座っておしゃべりを始めた。彼女はメキシコ国内に限らず、西アフリカやヨーロッパへも旅行した経験があり、彼女なりの世界観と、それを表現できる的確な言葉を持ち合わせていた。私たちは、立ち寄ったことがある西アフリカの地名を一つひとつ辿りながら、そこで目にした人々や空気、乗り物や食べ物について夢中になって話した。

「すぐ戻るから、どこへも行かないでね」

来客応対のため席を立つたびに彼女はそう言い残し、しばらくして戻ると、すぐにまた話の続きを展開した。彼女はビール瓶から口を離し、「ところで」と言った。

「今夜は私もレチョンにするわ。あとで一緒に買いに行こう。宿番は弟に頼めばいいから」

するとそこへ、同じ部屋に滞在していた若い看護師の男性がやってきて、「この辺にピザ屋はないか」と私たちに訊いた。彼は街で開かれている栄養学の会議に、テキサス州に隣接するメキシコ側の国境の街から参加していた。ピザ屋ならもちろんある。ただし、この街にはもっといいものがある。

「ピザもいいけど、レチョンがお勧め」

看護師は、思い出したとばかりに手を打った。

「いいアイデアだ。僕も便乗させてもらうよ」

それから私たち三人は、もっぱら食べ物の話で盛り上がった。中庭から見上げる空はいつの間にか夜空に変わり、次第に空腹が私たちの胃袋を支配しはじめた。食べ物について話せば話すほど、私たちはだんだんと不愉快になっていった。「ねえ」と私は言った。

「もう食べ物の話はやめよう」

管理人は戸口を振り返り、「弟ったらいつまで待たせるつもりなのよ」と苛立ちながら呟いた。けれど私たちの話題は、気がつくとまた食べ物のことになっていた。メキシコ料理の名前、材料、調理法、美味しさの秘訣《ひけつ》。あらゆるディテールを語り尽くすと、私たちはますます不機嫌になっていった。私は再び二人に言った。

「イライラするから、食べ物の話はやめて」

「もう限界！　弟はあてにならないわ」

管理人は、一緒に買い出しに行くことを諦め、私たち二人に屋台までの道順を教えた。財布を握り締め、屋台を目指して私たちは人混みの中を早足で進んだ。広場の石畳を淡い照明が照らし出し、そこに立つ一軒の屋台の前には長い行列ができていた。

『タコス・デ・レチョン（子豚肉のタコス）』

私たちは十二個のタコスと大量のサルサソース、付け合わせのピクルスを袋に詰めてもらうと、来た道を折り返し宿へと急いだ。

キッチンテーブルに着いた私たちは、一言もしゃべらずに猛然とタコスを平らげた。それから、空になった皿を前に置いたまま、私はしみじみと言った。

「アメリカでもよく〝メキシカンフード〟っていうのを食べていたはずだったんだけど。いまとなっては、あれは何だったのって思うわ」

管理人は、「タコベルのメキシコ進出は容易にはいかないだろう」と言った。たとえ進出できたとしても、広く一般に受け入れられる可能性は低い。ファストフード、大規模チェーン店、輸入される大量の肉。マスプロダクションの波は、たしかにメキシコへも押し寄せてきている。それでも、食に対する高い意識がメキシコから消えることは半永久的に起こらない。管理人は皿を片付けながら言った。

「みんなでテーブルを囲んで、作りたての健康的な食事を味わってこそ、初めて食事といえると思う。会話もなしに、ただ胃袋に食べ物を詰め込むだけなんて、私は絶対にイヤよ」

「……とはいうものの、たったいま私たちは無言で食事を終えてしまったわけだけど」

私がからかうと、管理人は恥ずかしそうに、それでいてどこか誇らしげに反論した。

「さっきのは別よ。あまりに美味しすぎて、ついでにお腹がすきすぎていて、言葉が出てこなかったんだから」

看護師の男性は、アグアスカリエンテスのレチョンの味と同様に、この街の平穏さに驚きを隠せないようだった。アメリカとの国境に近い彼の街では、夜の屋台へ繰り出すことはおろか、暗くなった通りを歩くことさえできない。近所のスーパーでの買い物途中に、突然マフィアが撃ち合いを始めたときの様子を語り、彼は頭を抱えた。

「奴らは場所も相手も選ばない。店の中はパニックになって客は出口に殺到したよ。僕は妻の手を引いて必死になって逃げた」

私はふと思いつき、マフィアたちはどうやって生計を立てているのか、と訊いた。

「麻薬の密売にきまってるじゃないか」

「誰に密売するの？」

「アメリカに」と彼は言った。コロンビアで生産される麻薬がメキシコを通過してアメリカ国内で売りさばかれる。ただし、国境付近での厳しい取り締まりをかいくぐるにはマフィアを通すしかない。

「警察に勝てるのは、マフィアだけだから」

マフィアの数は増加している。暴力は激しさを増し、無法地帯は拡大している。ただ奇妙なのは、銃規制が極めて厳しいメキシコのマフィアが警察をもしのぐ強力な武器を次から次へと手に入れていることだった。

「どこから、どうやって？」

「僕たちのお隣さんの国に、ある巨大なドル箱産業があってね」

看護師がそう言うと、管理人はニヤニヤしながら、ちょっぴり皮肉を込めて続けた。

「どうして最新鋭のマシンガンやらバズーカやらをマフィアが大量に持っているのかしら？　警察のものより高性能な武器を、いったい誰がマフィアに売りさばいているのかしら？　ふむ、とっても不思議」

　私たちは顔を見合わせ、「どうしてかしら？」と、三人でとぼけた。

　グアテマラをはじめとする中米の貧しい人々は、まずメキシコへ不法入国し、メキシコ国内を北上し、最終的にアメリカへの不法入国を目指す。彼らは不法移民としてひととおりの低賃金労働を終えると、頃合いを見て捕らえられ、国境からメキシコ国内へ強制送還されてくる。

「グアテマラへ返されるんじゃなくて？」

「そこが問題なのだ」と二人は言った。国籍を問わず、メキシコ国内へ押し戻されてきた人々の一部が、今度はメキシコ国境付近でマフィアの組織に吸収される。

「ふむ……」

　私は、人さし指で顎をさすった。もしも、お隣さんが合衆国でなかったとしたら。

「おそらく、私たちの国が置かれた状況はずいぶんと異なっていたと思う。グアテマラの移民も、コロンビアの麻薬も、大量の最新兵器だって、メキシコへ入ってくる必要がなくなるわけだから」

　八年前、テレビの中のメキシコ人は、つばの大きな帽子をかぶり、サボテンの前で呆《ほう》けたようにギターをかき鳴らしていた。

「ずいぶんと失礼な紹介のされ方よねぇ……」

タコベルに並ぶタコスは、いつも同じ形をしていた。イエローに発色するチーズのてかりと強い油の香りが、摂食中枢を刺激し、効率よく食欲を掻き立てる。肉の味がしないひき肉の食感と食べ慣れた調味料の風味が手頃な安心感と満腹感を約束していた。メキシコの屋台でつくられるタコスはいわばその対極にある。丸ごと調理された子豚の肉は淡いクリーム色を帯びていた。調理人は額の汗を拭いながら、肉片をナイフで叩き切っていく。肉の味、トマトの香り、唐辛子の刺激とピクルスの酸味。そこには食材が持つ味以上の味も、色以上の色も足されていない。

かつて、私がタコベルの中に見ていたメキシコの姿は、レチョンによってすっかり消え去ってしまった。

「ほら、お隣さんってちょっと変わってて、スーパーマンが大好きってお国柄なのよね」

管理人は控えめに、それでいておかしげにそう言った。それから、「お隣さんではないけれど」と前置きをして、最近ＢＢＣで放送されたメキシコ製のスポーツカーに関するコメントについて語りはじめた。

「コメンテーターによれば、メキシコの車は、そこに住む国民のようにノロマで役立たずで、太りすぎで見苦しい、と。ついでに彼らは、番組内でメキシコ料理までこき下ろしたのよね。もちろん、メキシコの車はイタリア製よりデザインは悪いし、ドイツ製よりも性能は劣るし」

「イタリア車のデザインって、そんなにかっこよかったっけ？」

私はフィアット社の車を頭の中に思い浮かべながら、訊き返した。

「フェラーリがあるもの」

「ああ、たしかに」

私と看護師は合点した。

「だから、車の性能やデザインで劣るのは、私だってそのとおりだと思うけれど、料理については、う～ん、どうかしら。彼らは調子にのってつい口を滑らせちゃったみたい」

イギリスのテレビが、例によってメキシコ料理を？　私たちは笑ってしまった。

私はピクルスを齧《かじ》りながら、このあとメキシコを南下し、マヤ遺跡をいくつか見てから、グアテマラへ越境する計画を話した。二人は、「国境付近では警察の取り調べが増えるかもしれない」と言った。

「カバンをいちいち開けられるかもしれないけど、何もなければ心配はいらない」

「私のカバンなんて、入っていたとしても、せいぜいサンアントニオの人形くらい」

二人は、カバンの中から逆さまになったサンアントニオが発見されれば、警察もさぞ驚くだろうと言い、腹をよじって笑った。

二〇一二年十二月二十一日を境に、マヤ文明のカレンダーは途切れている。それから先の私たちの運命は謎に包まれたままになっていて、実はその日がちょうど、二十八回目の自身の誕生日なのだと看護師は言った。

「人類に何かが起きるのか、それとも何も起きないのか、科学者や考古学者たちにも分からないいんだ。単にカレンダーに使用する石が足りなくて続きが書けなかっただけなのか、何か天文学的な理由があって、カレンダーをその日で終えざるをえなかったのか。例えば巨大隕石《いんせき》の衝突で地球が消滅するとかね」

「あと二年弱かぁ……」

私はマヤ人たちが予測した世界に思いを馳《は》せ、「こういうのってけっこう好き」と二人に言った。管理人は、私が意図した〝限られた時間に対する肯定感〟について、分かる気がすると言い、管理人になる前に働いていたレストランでの日々を話しはじめた。

「首都のレストランに雇われて、あの頃は朝から晩まで働き詰めだった。頑張るとどんどん仕事が増えて、店を任され、休むことができなくなった。それであるとき、ふと思ったの、いつまでこんな暮らしを続けるのかしらって。たくさん働いていたからお金はあったけど、それを使う時間も、誰かと話す暇も、恋人をつくる機会すらもなかった。それでね、人生をリセットしたの。レストランを辞めて、彼氏をつくった。あちこち旅行に出かけて、いまはこんな調子で暮らしている」

私たちは、二〇一二年に再会し、その日をともに迎えることにして、ではその瞬間に何をすべきかについて話し合った。

「こんなふうにタコスを食べて、みんなでビールでも飲みながら、でいいんじゃない？」

二人は私の意見に賛成し、「それで世界が終わったとしても後悔はしない」と言った。

「反対に、もし何も起きなかったら？」

そのときは迷わずタコスの続きを食べ、ビールを注ぎ足し、パーティーを続行することにした。それから願わくは私は、逆さまのサンアントニオではなく、しかるべき誰かを同伴して再会を果たしてみせる、と意気込んだ。

看護師は、「心配無用」と請け合った。

「誰と一緒であろうと、僕たちは君のことをこのメキシコで待っているよ。それがサンアントニオであろうと、あるいはアヽトヽニヽオであろうと」

私は、パチン、と手を叩いた。彼はなかなかうまいことを言う。

次の日は再びパーティーだった。午後になると、一人、また一人と学生が現れ、キッチンで料理を始めた。肉を炒め、サルサソースを作り、野菜を刻み終えると、キッチンや中庭の椅子に自由に腰掛けて私たちは、タコスに齧りついた。

『タコス・アル・パストール（成豚肉のタコス）』

私はBBCで流れた見当違いなコメントを思い出し、無知を世界に晒《さら》してしまったコメンテーターたちを哀れんだ。

それはまるで、サウジアラビアは石油に乏しく、中国の人口は世界一少なく、エチオピアの女性は驚くほど醜いと言ってしまったくらい深刻で明確な過ちだった。

「あなたのアントニオがもう見つかった」

管理人がいささか興奮ぎみに指さしたのは、呑ん兵衛《べえ》でお笑いキャラの〝アントニオ〟という名前の小太りの学生だった。私は椅子に座ったまま、中庭でけん玉の練習に励む運命の人を見上げた。お腹まわりの贅肉に躍動感がある。私はテーブル越しに身を乗り出して、管理人に小声で言った。

「もう一度サンアントニオを逆さまにして出直しを図っちゃダメかしら……」

「たしかに。そのほうがいいかも」

管理人は幸せそうにウインクを決めると、タバコの灰を小皿へ落とした。

第十三話

ラーメンと獣肉

——日本

新しい年が二日後に迫っていた。キッチンクリーナーでコンロまわりの油を拭き取り、それから流しの下の戸棚を開けて段ボール箱を引っ張りだした。ツナの缶詰、ホールトマト、かつお節、鷹《たか》の爪とココナツミルク。箱の底からは、中途半端に残った蕎麦《そば》の束とほとんど使わなかった小麦粉の袋が出てきた。干し椎茸《しいたけ》は正月用の煮しめに使うとして、ポン酢……？　こらこら、ポン酢の居場所はここじゃないでしょう。みりんや醤油《しょうゆ》のグループに移動させて、あとは……。私は、乾燥わかめの下に隠れていた即席麵の袋を引っこ抜き、そのパッケージをまじまじと眺めた。

サッポロ一番塩らーめん。

くしゃくしゃになったラーメンの袋を段ボール箱の中へ突っ込み、ポン酢と干し椎茸を持って立ち上がった。

その三年半前、二〇〇七年の夏に、ヨルダンの首都アンマンの郵便局で、日本から送られてきた小包を受け取った。二年を予定して始めた旅がちょうど折り返しを迎え、日本から持っていった必需品が底をつきかけていた頃だった。私は、包みを宿へ持ち帰って開封し、中身をベッドの上に広げた。薬、ビデオテープ、電池式蚊取りの詰め替え用マット。それから果汁グミ（レモン風味）が一パックとサッポロ一番塩らーめんの袋が二つ入っていた。

私は、塩ラーメンのパッケージを手に取った。袋の中の乾麺の細やかな凹凸に指先を這わせながら、湯の中でほどけゆく麺が緩やかにウェーブするさまを妄想した。それから、グミと塩ラーメンの袋をバックパックにしまい、南へ向かうバスに乗った。

ヨルダン南部の村、ワディムーサの宿の屋上に腰掛けて、私はスチール製の器に残ったスープを深い感動とともに飲みほした。眼下には赤土がつくり上げた雄大な渓谷が広がっていた。私は空になった器を持ったまま、沈んでいく夕陽の中にポツンと座っていた。

この広い世界で生産される多種多様な即席麺の多くは、油を吸ってコシを失い、化学調味料の強い刺激臭をまき散らしていた。そんな世界のインスタントラーメン事情のなかにあって、日本から届いた即席麺の滑らかな歯ごたえと計算され尽くした繊細な味加減は、他の品から一線を画していると思われた。

渓谷の割れ目のどこかに、あの有名なペトラ遺跡が隠れているはずだったが、そんなことはどうでもいいという気分だった。日本で塩ラーメンを食べられるのは、早くても一年先。あるいはもう、そんな瞬間は永遠にやってこないのかもしれなかった。

たった一杯の即席麵で胃袋が満たされるはずなどなく、けれどいま、空腹しのぎにパンやサラダを食べれば、さっき食べた塩ラーメンのスープの余韻は消えてしまうだろう。だからといって、続けざまに二つ目の封を切るような勇気もすぐにはわいてこない。

赤紫の光に照らされていた村が、いつの間にか輪郭だけを残して影をまとい、乾燥地帯特有の冷たい夜風が吹きはじめていた。ではいま、旅をやめて日本に帰り、好きなだけラーメンを食べたいかと訊かれたら、食べられるか、と訊かれたら……。その答えは明快だった。

『NEVER』

私は意を決して立ち上がり、トイレに突進し蛇口をひねった。水を張った器の中に、電熱コイルを突っ込んで湯を沸かした。もう一つの麵の袋を破り捨て、中身を湯に浸し蓋をした。そして屋上へ駆け戻り、勢いよく麵を吸い込んだ。

さらば、サッポロ一番塩らーめん。

二〇一一年、新しい年が明けて一月半《ひとつき》が経った頃、私は茨城の港から船に乗り、北海道の苫小牧へ向かっていた。こぢんまりとした船室の二段ベッドに腰掛け、同室になった物静かな女子大生二人に、「ただ、寒い場所でラーメンが食べたくなって」と打ち明けた。

「やっぱり食事ですよね！」

二人はそう言って目を輝かせた。

「それで、札幌でラーメンを食べまくったら、そのあと帯広の友だち、というか中学時代の部活の先輩なんだけど、に会って豚丼を食べて、そのあとは……」

「たしかに豚丼が有名ですよね。帯広へは大学受験で一度行ったことがあります」

「もしかして、帯広畜産大学？」

彼女は頷いた。二人は都内の大学へ通う獣医の卵で、将来はペットではなく家畜を診《み》たいと控えめに話した。真面目そうな二人の雰囲気が、帯広で獣医をやっている先輩の姿と重なり、妙なおかしさがこみ上げてきた。しかも帯広の先輩というのは、一人ではなく実は二人いて、ともに獣医で、ペットではなく大型動物を相手に仕事をしている。

札幌は雪が降っていた。雪まつりのシーズンを迎え、大通公園は華やいでいた。私は、ラーメン横丁の並びにある適当な一軒に入り、カウンターに座って塩ラーメンを食べた。ラーメン一杯の値段はヨルダンの安宿一泊分とほぼ同額だった。塩ラーメンにしては濃厚なスープの中に、好みの太麵が泳ぎ、大きなチャーシューが浮かんでいた。隣の席から聞こえてくる韓国語と日本語のまじった会話に気を取られているうちに、器の中は少しのスープを残して空になっていた。大通りに出て冷たい空気に触れると、何か物足りない気持ちになって、私は続けざまに寿司屋の戸を開けた。

次の日も、ラーメンを食べた。今度は味噌コーンバター味で、値段もボリュームもトッピングも、前日よりアップグレードした一杯だった。背後のテーブル席から英語の会話が聞こえていた。どうやら駐日米軍の一家と、その友人たちのグループらしかった。私は器の中をスプーンでかき回し、残っていたコーンをきれいにすくい上げてから席を立った。そして、デパートで絵本とチョコレートを買ってホテルに戻り、慌てて携帯電話の返信ボタンを押した。

「ごめん、電話もらってたのに気づかなくて」

「ラーメン食べてたやろ」

電話の向こうから先輩の声が聞こえた。図星だった。

「やっぱり。あーさん、食べるのに夢中で気づいてないんじゃないかなと思ってたよ。それで、どうやった？　札幌のラーメンは」

ラーメンは普通に美味しかった。麺もスープもチャーシューも、とても美味しかったように記憶しているし、おそらくその事実に間違いはない。ただ、カウンターに座って一人でラーメンをすすり続けた二日間、私はそこにいるようで、どこか別の場所にいたような気がした。チャーシューを噛みながら、ずっと誰かと話をしていたような感覚があった。結局のところ私は、先輩と食べる約束をした豚丼のことばかり考えていたのだ。

「早く豚丼が食べたい」

「うん、分かってる。明日の昼には食べられるから。ところで防寒対策は？　札幌は雪が降るくらい暖かいからいいけど、帯広は本当に冷え込むから覚悟しといて」

フリースは調達したものの、私が持ってきた靴と靴下はあまりにもお粗末な代物で氷点下の世界にはおそらくたえられない。靴下は先輩のものを借りるとして、問題は靴だった。サイズ的には、先輩よりもおそらく先輩の旦那さんのほうに近い。

「旦那の靴かぁ、明日は厳しいな。鹿射ちに履いて行ってしまうわ」

「鹿？」

帯広駅にバスが着くと、私たちはすぐに駅前の豚丼屋に入った。迎えに来てくれた先輩の一人は六歳と四歳になる息子を連れていた。会ってじっくり話をするのは、同郷の高校を卒業して以来、かれこれ十数年ぶりのことだった。もう一人の先輩は独身で、犬や猫と暮らしていた。彼女に会うのは、先輩たちが中学を卒業した日以来、実に十七年ぶりのことだった。そのくらい久しぶりだったにもかかわらず、二人は少しも変わっていなかった。あまりの変わらなさぶりに、懐かしさを通り越して唖然《あぜん》とした。しかも、揃《そろ》いも揃って獣医になり、帯広に住み着いているなんて……。二人は、「言われてみるとたしかに……」と昔と同じようなとぼけた口調で言い、顔を見合わせた。

「そういえば小学校の頃、獣医になりたいとかって、お互い言い合ってなかったっけ。北海道に住むのが夢でさあ……。気づいたら本当にそうなってた。いつの間にか自然と」

部活動の練習帰りに、近所の丼飯屋にしけこんでいる中学生のような感覚があって、それも悪くはなかった。人は、生まれたときから大して変わらないまま人生を終えるものなのかもしれない。もしも彼女たちの身に劇的な変化が起きていたら、価値観や夢や進路を途中で変更していたら、いま頃二人は、故郷の町で専業主婦になっていたかもしれない。そして私たちは、十数年後の帯広でこうして椅子を並べて平然と豚丼を食べることなんてできなかったはずだ――合宿所の食堂で牛丼を食べていたあの頃と変わらない気分のままで。

私は、首都圏の夏の暑さを逃れて北海道に移住する計画を話し、二人からの意見を求めた。

「北海道も夏は暑いよ。寝苦しいなと思った夜もあった。一日くらい」

私は苦笑した。東京の夏は、五十日くらい寝苦しい。すると六歳の長男が、「そうかなぁ」と首をかしげて私に言った。

「東京行ったことあるけど、そんなに暑くなかった。涼しいと思った」

「本当に？」

「うん」と頷く息子に、先輩はテーブルの上のごはん粒を拾いながら淡々と言った。

「うんうん、涼しかったでしょ。私たちが東京行ったとき、冬だったから」

夜になると私たちは、ジンギスカンを食べに行った。子どもたちは、お昼の豚丼のお汁でもう一度ごはんを食べたい、と言いつつも、店に着いた途端にそんなことは忘れて、今度は羊の肉をパクパク食べた。言うことを聞かないと、先輩はピシャリと子どもを叱った。フルタイムで働く先輩には子どもの甘えにいちいち付き合っている暇などないのだ。子どもたちは過保護にされない代わり、なんだか自由で活き活きしていた。人見知りをせず、泣いてもすぐにけろりとし、些細《ささい》なことにも大喜びする二人の姿は、私にアフリカの大地で出会った子どもたちの眼ざしを思い起こさせた。

「あーさん？」

子どもたちはいつの間にか、先輩たちと同じように、私のことをそう呼びはじめた。そんなふうに話しかけられ、上目遣いに見つめられると、もう何でもかんでも許してしまいたい衝動に駆られて大変だった——甘やかしてはいけないのに……。

六年前、先輩に子どもが生まれたことを年賀状で知った。家族が増えた喜びとともに、職場を離れていることへの複雑な心境が、短い文章でつづられていた。その後、獣医として職場に復帰したことは電話で知った。慌ただしい電話だった。

仕事と育児を両立している先輩の忙しさは容易に想像がつくものだったし、私自身が落ち着かない生活を送っていたこともあって、連絡を取り合うことは少なかった。それ以上に、連絡を取ろうという気持ちがわかなかったというのも事実だった。誰かと正面から向き合うには、二十代はあまりにも不器用で言葉足らずな時代だった。

もしかすると先輩は、時間に追われすぎて、あるいは自分に厳しすぎて、疲れ果てている可能性だってあった。

「実は、ストレスをためこんでるんじゃないかって、会う前はちょっと心配してたんだけど、全然そんなことなかった。いい感じで力が抜けているというか。子どもたちもすごく純粋で……」

先輩は、仕事ができている分、逆にストレスが少ないのだろうと言った。

「仕事の間、自分の時間が持てているから」

それから料理の話になると、先輩はタイ料理が好きで、たまに家でも作るのだと淡々と話した。

「家で作るって、材料はどうするの？」

「うん、だからパクチーは家で育ててる」

先輩は、パクチーやバジルやその他のハーブ類を自家栽培し、鍋やフライパンのメーカーにもこだわりを持っていた。さらに家に戻ると、驚くほどオシャレなお茶を淹れてくれた。きちんとお化粧をして、扱《しご》いたすじこを醤油漬けにし、後輩の靴下や防寒着の心配に至るまで、さりげなく、けれど確実に、細部まで神経を行き渡らせていた。先輩は、テキパキしている。昔からサバサバしていて、言いわけをしない。

翌日私たちは、ばんえい競馬に行った。子どもたちは大はしゃぎで雪の中を走りまわり、私と先輩は寒さに音を上げて、出走までの間は建物の中に隠れることにした。ガラスのドアの遠く向こうに子どもたちが遊びまわる姿を観察しながら、私はふとした会話の流れで先輩に訊いた。

「それで出産は？　けっこう楽だった？」

「全然」

先輩はサラリと言った。あまりにサラッとしているので、つまり先輩の出産は全く何の問題もなく、すんなりと終わったのだと、私は勝手に思い込んだ。何だって器用に、サクサクとこなせてしまう先輩ならではの楽な出産だったのだ、と。けれど、「全然」と言ったあと無言になった先輩に、少ししてから私は訊き返した。

「全然って、平気だったって意味じゃなくて、全然楽じゃなかったってこと？」

「あっ、落ちた」

先輩は、落ち着き払った態度でガラス戸を開けて、柵の下でひっくり返って泣いている次男のほうへテクテク歩きはじめた。そして、怪我《けが》がないことを確認すると、迷わず叱った。

「ここは上ったらダメって、前もおじさんに言われたでしょ。言うこと聞かないから」

次男はピタリと泣きやみ、私たちは踵《きびす》を返して建物のほうへ歩きはじめた。途中、先輩は振り返り、次男の様子を確認した。

「あっ、また上っとる。もう知らん！」


夜は鹿肉を食べることになった。旦那さんが七輪を外へ出して炭の準備をし、キッチンの先輩は、肉ばかり食べている二日間の食事バランスを考慮して、野菜スープとサラダとかぼちゃの煮物を作りはじめた。しばらくすると外で騒いでいた次男が、ひどくしょんぼりしてキッチンへやってきた。お兄ちゃんの解説によれば、いたずらして七輪の上に雪をかけ、火を消してしまったということだった。先輩は手を動かしたまま、諭《さと》すように次男に言った。

「でも、自分がやったって正直に言えたのなら偉かったじゃない。お父さんにはもう謝ったの？」

次男はいまにも泣きだしそうな顔でうつむいたまま、首を横に振った。

「だったらいまから、お父さんに謝っておいで」

次男は、頭を斜め四十五度に傾げ、悲しみを体現したオブジェのような姿勢を維持したまま、とぼとぼと外へ出ていった。

お腹がすいてくると、私は防寒着を身につけ外へ出た。次男はもう笑い声を上げて、家のまわりの白い小道を走りまわっていた。雪の上に置かれた七輪の炭は、あとは肉を待つだけの状態となり金網の下で熱風を揺らめかせている。タレに漬け込んだ鹿肉が登場すると、私は箸を握りしめ、先輩は上着も羽織らずに、雪の上にしゃがみ込んだ。肉汁が炭にあたる音と香ばしい匂いが白銀の裏庭に広がった。遠赤外線熱に吸い寄せられるように、子どもたちと女二人は七輪を囲んだ――火を準備してくれた旦那さんを知らない間に脇へ押しやって……。

鹿肉は、予想に反して柔らかかった。臭みも全くなかった。鹿だと言われなければ、おそらく牛肉と思い込んで食べたに違いない。

「肝炎のリスクがあるから、お前たちは赤い肉は食べたらダメだぞ。子どもは免疫力が弱いから」

子どもたちは、父親の指示に従いよく焼けた肉だけを食べた。その横で私は、赤い血の滴る肉片を口の中へ放り込み噛み締めた。血の香りがした。確かな歯ごたえがあった。そのわずか数センチの小さな肉の塊は、咀嚼の感覚を深く意識させ、食べるという行為への自覚を迫ってきた。自然界の素朴な恵みは、それを飾り立てようとするどんな調味料よりも強く、そこに尽くされるどんな調理方法よりも重い説得力を持っている。たとえ肝炎になっても……、と私は思った——獣の血を噛み、肉をのみ込みつづける。

「どれどれ、そんなに美味しい？」

先輩は、箸で摘《つま》みあげた赤い肉片にパクリとかぶりつき、それから両目を見開いて唸《うな》った。

「でしょ～！」

私は鼻息荒くそう言うと、再び肉片に箸をのばした。

「だけど、あーさん、……」

先輩は箸を手にしたまま私をまっすぐ見据えると、しんみりと言った。

「熊の肉は、これよりさらに美味しい」

「……熊かぁ」

肉を食べ終え満足げな長男は、居間で遊びはじめた。そして、今日はまだ引き算の練習をやっていないことを指摘されると、恥ずかしそうに言った。

「あーさんが来たから嬉しくなって、忘れてた」

子どもたちが寝静まったあと、リビングのソファに座った先輩と私は、どちらからともなく、競馬場で途切れた話の続きを始めた。私は、勉強も結婚もキャリアも出産も、先輩にとっては全てが簡単なことだと思っていた。小手先でやってのけられるだけの才能を持ち、また両親や周囲からの完璧なバックアップ態勢が敷かれているものと思い込んでいた。恵まれた環境の中で何の心配も問題もなく、一点の曇りもない人生を生きてきたのだと勝手に想像していた。それは先輩も同じだった。私には常に家族の理解とサポートがあり、万全の環境の下で世界中を放浪し、思いどおりの人生を謳歌《おうか》しているのだろう、と。私は首を横に振った。

「全然」

先輩もまた、首を横に振った——ソファの横に積み上げられた衣類にきれいな折り目をつけて、一つひとつ丁寧に畳みながら。

二十代は怒濤《どとう》のごとく過ぎていった。それなりに傷つき、時にはかなりの痛手も負った。けれど一方で、失うわけにはいかなかったいくつかの大切なものだけをどうにか守りきり、私たちは三十代の新しいチャプターを開いた。

いつか必ず、熊の肉を食べに来る。

話し込んでいるうちに、時刻は深夜二時半をまわろうとしていた。朝が来れば、日曜のTV番組〝海賊戦隊ゴーカイジャー〟を楽しみにしている子どもたちが、元気いっぱいに起き出してくる。

先輩が寝室へ消えたあと、しんと静まり返ったリビングのソファに座って、私はパソコンを開いた。二時五十分。先輩に会えたから嬉しくなって、ほったらかしにしていた原稿の締め切りが迫っている。

第十四話

自家蒸溜ウォッカ

——アルメニア

三月にやってきた春は、四月になって再びどこかへ姿を隠した。アルメニア南部の山岳地帯は深く冷たい霧に覆われ、山の頂に立つ修道院は、二メートルの至近距離まで近づいてようやく、そこにある壁を識別できるほどだった。私は、白いもやを断ち切るように、若いタクシードライバーに続いて入り口のドアをくぐり、物音一つしない石の塔の中へ静かに足を踏み入れた。ドライバーは、買ってきたばかりの四本のロウソクに火をともし、何も言わずに十字を切った。一本は彼自身のために。もう一本は私のために。残りの二本は、私と同じ民宿に泊まり、同じタクシーに乗って修道院へやってきたフランス人夫婦、ヴァレリーとセバスチャンのために。

私たちは山を下ると、民宿の居間に椅子を並べて、ガスヒーターに手のひらをかざした。家の中にいるときでさえ、床に着いた足先から締め付けるような冷えが上ってくる。私たちは、ガラス窓の向こうの花一つない庭を見つめ、アルメニアの〝夏〟を妄想し、その魅力について語り合った。村の美しい夕暮れ時、庭のカウチにもたれてチーズとワインを嗜《たしな》む。串に刺した肉の塊が炎の上で肉汁を滴らせ、咲き乱れる花々の間を犬のジーピーがいささか興奮ぎみに駆け抜けていく。

「さっきから一向に乾かないのよねぇ……」

ヴァレリーが、水を含んで冷たく固まったままの靴下をヒーターの送風口に近づけて顔をしかめた。私は太ももをさすりながら、置時計に目をやった。夕飯まで、まだあと三時間以上もある。私は身をかがめてヒーターとの距離をもう少しだけ詰めた。

夜、夕飯を盆にのせて現れたのは、活発な妻に留守を任された民宿のおじいちゃんだった。おじいちゃんは、控えめな笑顔で、けれど余りある温かさをもってもてなしてくれた。ちょっぴり、はしゃいでいるようにさえ見えた。テーブルいっぱいにスープやサラダを並べると、おじいちゃんは自分で蒸溜して造ったウォッカを四つのショットグラスに注ぎ、ロシア語で口上を述べた。ロシア語が分かるセバスチャンは、おじいちゃんの熟達したスピーチ技術にあきれつつ、その内容を妻と私のために英語に訳した。

「あなたの妻と日本からやってきた友人、美しい女性たちのために乾杯……だってさ」

私とヴァレリーは顔を見合わせ、背筋を伸ばしてグラスを高々と掲げた。おじいさまの格調高きお言葉を拝したとあっては、いかなる躊躇《ちゅうちょ》も許されない。私は、ショットグラスの中身を一息でノドの奥に沈めた。アルコール度数六十パーセントの液体は、喉もとを焦がすように流れ込み、胸の内側で燃え上がった。おじいちゃんは、再び太い腕を伸ばして、二杯目のウォッカを注ぎ足そうとした。私はむせながら、「あのっ」と声を絞り出した。

「私は一杯で十分です。あとは、おじいさまが飲んでください」

私は焼けつく胸を押さえながら、続けざまのショットを断ろうとしたが、おじいちゃんは、「いえいえ私ではなくお客さんに飲んでもらいたいのです」とさりげなく呟きつつ、その透明な魔法の液体をドボドボと私のグラスに注いでしまった。

「自家製ウォッカは無添加ですから、どれだけ飲もうと悪酔いすることはありません」

そう言って私たちを安心させると、自分は飲まないと言っていたおじいちゃんが先頭にたって、グラスをクイッと空にした。そして、盆を抱えたおじいちゃんは、まだ何か言い足りなそうな様子で居間から出ていった。手足の先がポカポカ温まってくると、気持ちが高揚し、私たちは俄然《がぜん》楽しくなってきた。香草やジャム、ヨーグルトからハチミツまで、テーブルを飾る食べ物のほとんどが自家製で、野菜は当然、露地物ばかりが使われていた。

フランス人の夫婦は、三十代半ばの高校の先生だった。二人は半年間の有給休暇を取り、バックパックを背負ってパリを離れた。ヨーロッパからシルクロードを辿り中国へ向かう途中だと、幸せそうに話した。二人はどんなときも愉快そうに笑った。笑い転げることも何度かあった。悪天候に見舞われようと、旅の計画や思惑がはずれようと、あらゆる状況を柔軟に吸収し、すべての経験を肯定的な出来事に変えてしまえる旅人だった。

「二人はいつも、そんなふうに笑っているの？」

たしかに、セバスチャンはとてつもなく前向きな人だ、とヴァレリーは言った。

「彼がそういう人だから、私も彼といるときはできる限り寛容な精神をもって、がっかりしたり腹を立てたりしないようにしているのだけど、私のほうは時々失敗して気分が沈むこともある。ただ、努力はしているの」

ドアが開き、キャベツで肉を巻いて蒸した料理、ドルマを盆にのせたおじいちゃんが現れた。彼は遠慮する私たちにかまうことなく、再びグラスを満たし、今度は日本の友人について語りはじめた。彼は、ある日本人の男性の名前をフルネームで二つ挙げ、彼らの飲みっぷりを誇らしげに讃《たた》えた。

「私の手造りウォッカを飲んだ日本人は、あなたで三人目です。歓迎します」

アルメニア語もロシア語も分からない旅人の私に対して、彼は〝日本から来た〟という点において、こだわりを持っているようだった。背景には、ひと月ほど前に日本を襲った大きな災害があった。彼は謙虚な言葉で、何度か哀悼の意を口にした。私は三杯目のショットグラスを口に近づけると、息を止めて中身を飲みほした。

　妻の留守をあずかるおじいちゃんは、上機嫌だった。四巡目のウォッカを注いでいる途中、ついにウォッカが底をつき、私たち三人はホッとした。おじいちゃんは、寂しげな表情で空になったピッチャーを見たが、次の瞬間にはもう置時計の下の戸棚を開き、別のボトルを取り出してきた。そして唖然とする私たち三人を尻目に、おじいちゃんは何事もなかったかのように新たにウォッカを注ぎ足した。それから、アルメニア人の長寿の秘訣について演説を始めた。

「昔、日本に住む友人に、百歳まで生きるコツを訊かれました。私は、自家製ウォッカとヨーグルトのおかげだと答え、アルコール度数が八十パーセントのウォッカを贈りました。するとウォッカを味見したその友人から、次のような返事が来ました。もしもこのウォッカを飲むのをやめれば、あなた方アルメニア人は、軽く二百年は生きられるでしょう、と。……乾杯！」

　セバスチャンはもちろん笑ってグラスを掲げた。私とヴァレリーも彼に続くよう努力した。

「乾杯！」

　幸福に満ちた深い眠りと引き換えに、今夜もまた、少しだけ寿命を縮めてしまった。

翌日、私たちは雪山を越えて新しい町へ向かった。緑に囲まれた小さな町に着くと、家庭料理で定評のある〝ニーナの家〟を見つけ出した。入り口の門をくぐり、出迎えてくれた大きな犬と一緒に母屋まで歩いた。さっそく目に飛び込んできたのは、庭に積み上げられた薪の山と、何箱にも連なるミツバチの家。脳の芯を清める澄んだ空気と、煙突からのびる白くて細い煙。夕飯は七時半頃には準備が整うとのことだった。

「他に、何か質問や要望はありますか？」

完璧だった。これ以上付け加えるべきことも、取り除くべき対象も、求めるべきものも、何一つ思いつかなかった。私はおずおずと手を挙げ、「え～っと……」と言った。

「ワンちゃんのお名前は、何ですか？」

ニーナが笑うと、奥の金歯がキラリと光った。セバスチャンは言うまでもなく、ヴァレリーも一緒に声を立てて笑った。

ニーナの家のこぢんまりとした居間には、大学生の娘とニーナの叔母にあたるおばあちゃんがいて、温かいお茶とチョコレートを勧めてくれた。おばあちゃんは、寒がりの私のために鉄製ストーブの横へ椅子を置き、新しい薪をドンドンくべた。初めて挨拶をしたときから、おばあちゃんはどういうわけか、ずっと私に付き添っていて、フリースを着た私の背中を愛おしそうに撫《な》でるのだった。そして目が合うと必ず、髭が少し濃くなった口もとをすぼめ、目を閉じて私にキスを投げた。背景にはやはり、震災への強い思いがある。

アルメニアは日本と同じく、揺れ動く大地と運命をともにしてきた。とりわけ、一九八八年に起きた大きな地震の記憶は、おばあちゃんの脳裏から消えていなかった。災害に続き、一九九一年にはソビエト連邦が崩壊した。社会システムの転換と経済の混乱にくわえて、隣国アゼルバイジャンとの紛争が、追い討ちをかけた。アルメニアは三重の苦しみを負った。

ストーブ近くの床に寝転んでいた猫が、伸びをして寝返りを打った。おばあちゃんは目に涙を溜めて、被災者へのお悔やみの言葉を述べた。私が背中を擦《さす》ると、おばあちゃんは深い皺《しわ》が刻まれた指の腹で目の縁をさっと拭った。

ニーナの家のキッチンは狭かった。蛇口からずっと水が出たままの古い小さな流しと、やっとまな板が置ける程度の簡素な台。いまにも崩れ落ちてきそうな食器棚と、使い古した鍋やフライパンがあった。ニーナがじゃがいもの皮を剝く横で、娘が器用に野菜を刻む。二人はとりたてて手際がいいわけではなかった。手つきは華麗でもなく、素早くもない。ただし、塩一つまみ、根菜類の小さな傷みを取り除く作業一つといった全ての工程を慎重に、恐ろしく丁寧にやり遂げた。

夜になると、私たちはニーナの自家製ウォッカで体を温め、スープとドルマを食べた。キャベツのドルマに続いて、ブドウの葉で肉を包んだ黒いドルマにナイフを入れると、なにやら厳《おごそ》かな気分になった。ピッタリと肉に密着した葉っぱの薄さと、甘みを抑えた繊細な風味は、気品を感じさせた。世俗的なキャベツには、こんな芸当は真似できない——もちろんキャベツにはキャベツにしかない愛嬌があるけれど……。私は二つ目のドルマを食べながら、まずはニーナに感謝した。その味をニーナに伝承した、もうこの世にはいない義理の母に敬意を払った。そして、その味を受け継ごうとしている弱冠二十一歳の娘に秘かなエールを送った。絶やさないでほしいものは、ストーブの火種《ひだね》以外にもいくつかある。

翌朝目が覚めると、室内はいつもより明るかった。久々の快晴か、あるいは寝坊をしてすでに陽が高く昇ってしまったのかもしれない。私は慌ててベッドを飛びおりると窓へ駆け寄りカーテンを開けた。そして窓ガラスに顔を近づけたまま、しばらく動くことができなかった。一面の銀世界。木の枝に降り積もった雪の固まりが、風に飛ばされて地面に落ちた。

私たちは雪深い山中へのトレッキングを諦め、積雪量が少なかった近隣の村へ出かけた。民家が点在する山肌は、雪解け水で地面がぬかるみ、茶色い鉄砲水にえぐられた山道が私たちの歩行を困難にした。一歩進むごとに、泥や馬糞《ばふん》、鶏糞の塊がシューズの裏にくっついてきて、靴はすぐに重たくなった。適当な岩を見つけては靴の裏を擦《こす》りつけ、泥をこそぎ落としながら山を登ると、降りやまないみぞれのせいで両手の先がかじかんだ。私は歩みを止めて、ひっそりと佇《たたず》む家々を見渡し、息を弾ませて言った。

「冬の間、この村の人たちは、いったいどうやって山を下り、また自分の家に帰っていくんだろう。たとえば荷物を担いで、泥雪の中を登ってくるなんて信じられない」

「だから、ほとんど家から出ることなく、一冬を過ごすんじゃないかしら」

ヴァレリーはそう言うと、北方に住む民族の、とある村の人々の暮らしについて話しはじめた。

「一年のうち半分は、完全に氷に閉ざされているから、人々は家の中でじっと過ごすの。たまに出かけたとしても、わずか六軒ほどしかない集落の家の間を行き来するだけ。その代わり、夏の間は長い冬に備えてフル稼働しなくてはいけないわけだけど。食料やら燃料やらって、いろいろと」

私は、そんな暮らしについて想像した。どこにも行けない退屈さと、どこにも行かなくてすむ気楽さを天秤《てんびん》にかけた。半年間ずっと家にこもり、寒くなればウォッカを飲み、ストーブのまわりに集まって時を過ごす。たくさんの本を読み終えることができるだろうし、観たい映画を観尽くすこともできる。ただし、電気がないと、やっぱり時間を持てあますかもしれない。それからきっと、雪国の夏は目的意識と達成感に満ちた素晴らしいものになるだろう。春が来たらドアを開けて外へ飛び出し、ひたすら食料をかき集め、秋には食べ物を家中にため込み、表のドアをピタリと閉める。朝が来たら働いて、夜は疲れてぐっすり眠る。羊の糞を踏みたくりながら、ぬかるんだ山道を進もうとするのは、為替チャートが描くグラフに日々一喜一憂することを覚えた近代社会の人間だけに違いない。私はレインコートに付いた水滴を払い落とし、登ってきたときよりも荒れて滑りやすくなった山道を、恐る恐る下っていった。

夕飯の乾杯の音頭は、ニーナがとった。

「ここ数日は天候に恵まれず残念でしたが、夏場は過ごしやすく、美しい自然も満喫できます。ぜひ、夏にまた戻ってきてください」

そしてニーナは、夫のあとを継いで造りつづけている自家製ウォッカを、一息で飲んだ。それから私たちは、〝夏になれば〟という言葉を枕に付けながら、待ち遠しい春について、そして賑《にぎ》やかであろう夏について、何度も何度も繰り返して話し、窓の外を見つめた。「ところで」と私は二人に言った。

「このスープの皿が、どうも斜めに傾いているように見えるのだけど、私だけかしら？　ウォッカの飲みすぎで私が傾いているのか、それとも、このテーブルが傾いているのか……」

二人は笑いながら、それはウォッカのせいではなく、家の床が傾いているからだ、と親切に教えてくれた。ニーナの家のダイニングは、自然の地形に沿って建てられていた。大地を均《なら》すことなく、傾斜に沿って床を張り、傾いた床にテーブルを置き、テーブルの傾きに従ってスープは皿の片側へ寄っていく仕組みになっていた。傾いた小さな家の中で、女性たちは肩を寄せ合って暮らし、庭の小さな箱の中で、艶やかなハチミツがつくられていく。小さく簡素なキッチンから、精密なガラス細工のように整った数々の料理が運び出され、小さなショットグラスの中で、透き通る液体がサラサラ揺れた。私は、薪が燃える音に耳を傾けながら、「ちょっぴり狂った考えかもしれないけれど」と二人に言った。

「夏に来るのもいいけれど、次はぜひ真冬に、雪に埋もれてしまったこの家を訪れたい」

二人は、「それもいいかもしれない」と穏やかな笑顔で同調した。

翌朝、簡単な別れの挨拶をすましたあと、おばあちゃんの目が涙で潤まないうちに、私は足早に表通りへ向かった。午後には国境を越えてグルジアに入る予定だった。門の前で振り返ると、おばあちゃんの熱烈な投げキッスが一つ、こちらに向かって飛んできた。

第十五話

自家醸造ワイン

――グルジア

ニーナの家を離れ、グルジアの首都トビリシへ到着したあと、私はセバスチャンとヴァレリーにくっついて、夕暮れ時の旧市街へ散策に出かけた。さっきまでの雨がやみ、少しくらいは春らしい風も吹いていた。入り組んだ坂の小道を歩きながら、私は何度も上空を見上げた。雲の合間に青い空が顔をのぞかせていた。そこから舞い降りる陽の光のやさしさが胸に沁《し》みた。

私たちは飲食店で食事をし、パン工房や果物屋へ立ち寄って翌日の朝食を買い足した。そのたびにニーナの手料理を思い出し、三人で何度もため息をついた。それから夕暮れ時のレストランで窓際の小さなテーブルに着くと、行動をともにした五日間の珍道中を締めくくることにした。私たちはワイングラスを手に取った。明日の朝には、それぞれの方角へ旅立つことになっていた。セバスチャンのおどけ話とヴァレリーの笑い声に、別れを告げる時が来たのだ。私はグラスの中のシャルドネを三分の二ばかり勢いよく飲んでから、ハッと手を止め、「ワインって……」と言った。

「こんなふうにゴクゴク飲むようなものだったかしら」

ウォッカばかり飲み続けたあととあっては、ワインはもう、ただの甘い水でしかなくなっていた。

束の間の休息をとったあと、カフカス地方一帯の空は再び分厚い雲に覆われた。雨、風、みぞれ、氷、雪、しまいには吹雪から豪雪へと、荒れ模様はとどまるところを知らなかった。山も、森も、洞窟も丘も、それに平地さえも、進めば進むほど、天候は悪化の一途を辿った。

グルジアからの出国が二日後に迫った日の夜、私は温暖な気候で知られる黒海に面した街にいた。けれど期待とは裏腹に、冷たい雨がやむことはなく、浜辺に打ち寄せる灰色の波は、冷淡に押し黙った厳冬の海を思わせた。私は、宿の居間に置かれた薪ストーブに手をかざし、宿を取り仕切る若い女性に、ある悩みを打ち明けた。それは、翌日向かう予定だった街での滞在先のことだった。

「あの街には、ここへ来る前にも一度立ち寄ったのだけれど、いい宿が見つからなくて、偶然見つけた寂れたホテルで寒い夜を過ごしたの。明日は、グルジアで過ごす最後の夜だし、どこかもっと暖かい場所で、こんなふうに薪のはぜる音を聴きながら眠りたい。どこか、いい宿を知らないかしら?」

数日前に滞在したホテルは、旧ソ連時代ふうの無機質な壁に囲まれた殺風景な建物だった。破損した電気ストーブと高い天井、頻発する停電のせいでシャワーからは冷水が飛び出し、部屋の中でもダウンジャケットが必要だった。そして何より、物音一つ聞こえてこない廃屋さながらの不気味さに、肌寒さがいっそう増した。

私は、ひと気のない闇の中で寝袋にくるまり、ウォッカについて考えつづけた。ロシアでは凍死を回避するためにウォッカで体を温め、ただしウォッカを飲みすぎた人々が、今度はアルコール依存症で命を落とすと聞いたことがあった。どっちみち死ぬのなら、凍死よりはむしろ……。私は、あの透き通った液体の残像を胸の奥に抱いて、長い夜をやり過ごした。

宿の若い女性は、ホテルの代わりに、その街に住む彼女の友人一家を紹介してくれた。街へ向かう道中は、激しい雪に見舞われた。街へ近づけば近づくほど、路面の雪は深くなり、乗り合いヴァンは速度を落とした。そして、靴の中の爪先が寒さで完全に感覚を失った頃、ヴァンは予定から一時間遅れて街のバス停に停車した。

「やあ」

一人の青年が開いたドアから車内を覗き込み、私に声をかけた。彼は雪の粉を頭にくっ付け、白い息を吐きながら私の名を呼んだ。私も、青年の名が書かれたメモを取りだし、「やあ」と彼に返した。

彼の家には、家族に加え、語学が堪能な隣人がすでに集まっていて、キッチンからは忙《せわ》しなく料理をする音が聞こえていた。私は大きな薪ストーブの前へ直行し、湿った靴下を剝ぎ取り、血の気のなくなった素足をストーブの真横にかざした。塊になった五本の指が、融解する血液とともに一本、また一本とほどけていく様子を見守ると、いよいよ私は、グルジア最後の夜を迎えた。

グルジアを代表する数々の料理がテーブルに並び、高さ八センチあまりもある大きすぎるショットグラスに、ウォッカがなみなみと注がれた。一家の主が蒸溜した自慢のウォッカは、アルコール度数七十五パーセントという、私にとって未知の領域の飲み物だった。主はグラスを掲げ、まずは『平和に』乾杯をした。私はグラスを一気に飲みほし、息を止めて胸を押さえた。食道と胃袋のポジションをはっきりと感じながら、私はそこへ食べ物をどんどん詰め込んだ。

額に汗がにじみ、天井が歪みはじめた。テーブルの皿が波を打つように踊り、家族の笑い声がくぐもった音楽のように、鈍く鼓膜をつついた。たった一杯のショットグラスでこんなにも愉快になったのは初めてだった。「ねえねえ」と私はみなさんに白状した。

「酔っぱらっちゃいました。どうも、失礼しております」

私は、ゆらゆら揺れるお星さまに乗って、空になったグラスをさし出した。部屋中の電球やテレビから、レーザービームが勢いよく飛び出してきて、私の笑いを誘った。青年が、テーブルの下からひときわ大きなピッチャーを取り出し、私のグラスを満たした。それはウォッカではなく、主が醸造した無添加の赤ワインだった。

二巡目は『私たちと家族に』対する乾杯だった。自家製ワインは、低濃度のグレープジュースのように色が薄く、サイダーのようなちょっとした刺激と酸味があった。私はその味に惚れた。その味に惚れ込んだ。実は、その味にずっと前から惚れていたのだと悟った。それは、かつてチベットの山岳地帯でさし出された、あの懐かしいどぶろくの味だったのだ。

ヒッチハイクしたトラクターの荷台で老婆に出会ったあの日の奇跡が、舌の奥から鮮明に蘇《よみがえ》ってきた。初めて会った日、あの黒ずんだ茶碗には、確かにどぶろくが入っていた。老婆は豪快にどぶろくをあおり、ひとしきり冗談を言ってまた飲み、顔をしわくちゃにして笑った。チベット族の集落を通るたびに、老婆の親戚が大挙して飛び出してきて、手垢《てあか》で汚れたポットを傾け、幾度も、幾度も、私たちの茶碗を満たした。神秘の山で出合ったあの純朴な味に、私は五年近い時を経て、この雪深いグルジアで再会したのだ。

主が、三つ目の口上を述べた。

『私たちの先祖に』

グラスが触れ合う音には、質のいい風鈴のように空間を貫く息の長い響きがあった。その音色に聴き入るように目を閉じると、そのまま心地よく朝を迎えてしまいたい衝動が押し寄せてきた。私はパックリと目を開き、慌てて頭を上げた。そして気を取り直して空のグラスをさし出した。

『愛すべき親と兄弟姉妹に』

主は慣れた様子で次々に口上を繰り出し、テンポよく乾杯の音頭をとっていた。しかしながら私は、ちょっとした気づきを得て、わが首を傾げた。そもそも〝愛すべき親と兄弟姉妹〟というものは、二杯目の〝家族〟と重複しているように思えなくもない。あるいは、わが思い違いか。

「ふむ……」

私は深く考え抜いた末に解答を諦め、隣のお姉さんに話しかけた。

「ねえねえ、この乾杯っていったいいつまで続くの？」

そして、自分一人ではとても覚えきれそうもない一杯目からの口上を、彼女にも記憶しておいてもらうよう頼んだ。

再びグラスが満たされた。

『震災で苦しむ日本の人々に』

私は一気にグラスを空けて、次に備えた。

『日本とグルジアの友好に』

私はふと、目の前の光景が落ち着きを取り戻していることに気が付いた。音の響きも普通だったし、指も全部で十本あった。不思議な現象だった。もしかすると、アルコール度数の低いワインによって、一杯目のウォッカの濃度が薄まり、酔いが覚めたのかもしれない。そこで試しに、暗算をやってみることにした。75％＋15％を2で割ると、45％。次、75％＋15％＋15％を3で割ると35％。次、75％＋15％＋……。私は計算を中断して、隣のお姉さんに訊ねた。

「私たち、何杯飲んだんだっけ？」

ちょうど六杯目が終わり、七杯目へ突入するところだった。

『人は太古から、自然に守られて生きてきました。私たちは、土や水や緑に感謝しなければいけません。母なる大地に、乾杯』

風がやんだのか、窓の外には、ぼたん雪がふわふわ舞っていた。私は、豚の脂身の塩漬けを一かけだけ口に入れて、首都トビリシで見上げた青い空を記憶の中に手繰り寄せた。青年が腕を伸ばし、私のグラスをまたいっぱいにした。春の陽射しにありがたさを感じるためには、冬はとびきり厳しいほうがいいのかもしれない。

『人は太古から、創造を繰り返し、今日まで生きてきました。新しいものをつくり上げる人々、芸術家たちに、乾杯』

　私はリュックからペンとノートを取り出し、口上を初めから全てメモした。そしてグラスに残ったワインを、九巡目に合わせて飲みほした。

『人は誰もが、誰かの子どもとして生をうけ、そして人類はこれからもずっと子どもを世に送り出していくのです。かつて子どもだった全ての人々に、それから後世の子どもたちに、乾杯』

　覚めていった酔いと入れ替わるように、今度は膨満感が体を支配しはじめた。時刻は深夜零時をまわり、あと六時間後には家を出て、アルメニアへ戻るバスに乗ることになっていた。飲みきれなかった九巡目をグラスにまだ半分残したまま、そこへ新たにワインを注ぎ足してもらうと、とうとう私たちは十巡目を迎えた。

『人は誰もが、誰かの孫としてこの世に生まれ、そして我々の歴史はこれからも孫へと引き継がれていくのです。孫だったすべての人々に、それから後世の孫たちに、乾杯』

私はグラスを掲げながら〝孫のスピーチ〟に笑ってしまった。この調子で口上を述べつづければ、宴はまだまだ限りなく続いていくに違いない。私はグラスにそっと唇を近づけ、どぶろくの酸味を口に含んだ。そして、「いま飲んでいる十杯目を区切りに、自分はこれで終わりにします」とリタイアを宣言した。主は穏やかな眼ざしで同意し、「それならば、次の一杯で今夜の宴を締める」と言った。

主と男性たちが、十一回目の杯を掲げた。私は、十杯目の残りが少しだけ入ったグラスを掲げ、主の口から、おそらくは〝曾孫のスピーチ〟が聴かれるのを待った。『人は太古から』と主は始めた。

『食べ物の恵みを受けて生きてきました。私たちは、食べ物を与えてくれる神に感謝し、生産者たちに敬意を払わなければいけません。そして、食べる営みを続けてきた全ての人を讃えたい。食べ物に感謝して』

『乾杯！』

第十六話

Tamagoyakiとコンポート

——ルーマニア

始まりは、ブログに投稿された一通のメッセージだった。長い旅を始めてから一年半近くが経った頃のことで、私は西アフリカのどこか、サハラ砂漠の周辺国を彷徨《さまよ》っていた。投稿者は、ルーマニアのオラデアというハンガリーとの国境に近い街に住む若い女性だった。

《私はいまここに立って、あなたがブログに残した記事を読みながら、私の人生はどこへ向かっているのだろう、とあれこれ思いを巡らせています。私は旅にとても憧れています。でも、両親のせいもあってなかなかその一歩が踏み出せないでいます。私は二十二歳で、まだ自分の夢をほとんど何ひとつ叶えていません。一方で、あなたは私の〝夢〟を生きている人です。

私は、今年大学を卒業して実家を離れます。そして、自分の心を満たす旅に出る計画を立てています。そこで、もし可能であればあなたの旅行経験をEメールで私と分かちあってくれませんか？　私にはいま、〝旅が無意味でない〟と言ってくれる話し相手が必要なのです。あなたが家に戻ったときにでも返事を書いてくれることを期待しつつ、

ここに私のEメールアドレスを記しておきます》

　私は帰国を待たず、旅先から返事を出した。

《私はいま、ニジェールという国からメールしています。ブログへの投稿、そして何よりも記事の読者でいてくれることに感謝します。なぜなら読者の存在が、私にとって旅を続け、記事を書いていくうえでの大きな励みとなっているからです。ありがとう。

　私は、旅を全くしない人生は、意味や特徴が少ないと考えています。旅をする以外の方法で、どうやって世界のことを知ればいいのかが私にはよく分からないし、さらに言うと、この世界のことを何も知らないままでは、自分が何をすればよいのかを正確に知ることはできないと思うからです。だから旅をしています。十七カ月間旅をしてきて、たくさんのことを発見しました。いい発見ばかりとは限らないけれど、少なくとも世界のありのままの姿に、自分の素手で触れることができました。だから私は、自宅のテレビから得られる膨大な知識よりも、旅で得られるわずかな手触りにこそ真実があると考えています。

　あなたはいま、二十二歳。つまりこれから先、旅をする時間がたっぷりとあるということ。一つの地域を訪れ、次はまた別の場所へ……。少しずつ、一歩一歩、あなたはこの素晴らしい世界を知っていくのですね！　私が訪れたことのある場所について情報が知りたいときには、どうか遠慮なくメールしてください。それから、もし日本へ来ることがあったら、ぜひとも連絡してください。

さあ、旅に出よう。世界を楽しもう。そうすればいつか、この魅力的な惑星のどこかであなたにバッタリ会えるかも——私たちがまだ知りもしない地球上のどこか、で》

その後も数回メールのやり取りがあり、最初の投稿から三年と少しが経ったある日、私は、ずっと昔にもらったメールの最後に書かれていた一文を思い出した。〝ぜひ、ルーマニアにも来てください。喜んで国内を案内します〟。私は、まだ会ったこともない一人の女性の姿を心に思い描きながら、キーボードに指をのせた。〝もうすぐルーマニア周辺を通過する予定です。会えるかしら？〟

彼女は親もとを離れ、北西部の都市クルージュナポカで大学院に通っていた。私たちは駅で待ち合わせたあと、市バスに乗って彼女のアパートへ向かった。彼女は真っ白な肌をした物静かな印象の女の子だった。グレーのトレンチコートの上からポシェットを斜めに掛け、ささやくような声で話した。私は、車内の騒音に掻き消されそうな彼女の言葉に耳をそばだてた。私が話している間、彼女は好奇心に満ちた瞳で私の目の奥を覗き込んだ。おそらく、それは彼女の癖だった。そして話しているときも、そうでないときも、彼女の口もとはいつもやさしい笑みを湛《たた》えていた。

アパートに着いたあと、彼女のボーイフレンドを交えた三人で昼食をとり、それから街のはずれの広場に展示されているルーマニア各地の古民家を見てまわった。木造の小さな家々に足を踏み入れるたびに、二人は田舎の祖父母の家と同じだと感嘆し、田舎で遊んだ幼い頃の思い出をおかしげに話した。

「僕のじいさんの家にそっくりだよ。じいさんの家には、いまだに電線がきていないんだ」

日暮れと同時に暗闇と化した小屋の中で、老人が一人、静かに床に入る……。私は過剰に牧歌的な暮らしを想像し、それを打ち消すように足を止めて呟いた。明かりは？

「使い慣れたオイルランプをいまでも大事にしているよ。電気の必要性を特に感じないまま歳をとったんだろうね」

それでも彼のおじいさんの年代であれば、いくら田舎暮らしとはいえ、テレビぐらいは観るのではないか、と私は訊いた。すると彼は、実はつい最近になって、祖父もテレビを観られるようになったのだと言った。

「家の横にソーラーパネルを設置したんだ。ど田舎暮らしのじいさんのほうが、いまとなっては都市に住む僕たちよりも、ある意味ハイテクな暮らしをしているんだよ」

私たちは、家の地下につくられた食料貯蔵庫へと続く階段を下りた。暗く冷たい部屋の中は、がらんとしているのに、そこにかつてぎっしりと詰め込まれていた食べ物の気配が漂っていた。大樽《おおだる》にぎっしり詰められたキャベツの酢漬け、果物のコンポート、肉の燻製《くんせい》や自家製蒸溜酒。妻に邪魔者扱いされた哀れな男たちが貯蔵庫に隠れて酒に浸る姿を生々しく想像し、私たちは笑った。けれど、そんな滑稽なシーンは、社会システムが変わり、ルーマニアがEUに加盟したことで日常からはますます遠のきつつある。

「自分の家で勝手に酒を造ると、罰則を適用されるようになってね。商標登録されたマスプロダクトを、わざわざ店で買わなくちゃいけないなんて、なんとも妙な時代だよ」

私たちは展示場を抜け出し、新緑に包まれた森の奥へと歩きはじめた。そこでボーイフレンドの携帯電話が鳴った。週末恒例となっている母親からの電話だった。大学生とは思えないほど落ち着きがあり自立した思考の持ち主の彼も、母親にとってはまだ二十二歳の坊やでしかない。

「お母さん、ミルク送ってくれるって?」

電話を切ったばかりの彼をからかうと、彼は、「毎週だよ」と言って顔を赤らめた。
共産主義体制が終わり、食品の流通システムは一変した。商業用生産ルートからもれた小規模農家は取り残され、回収者を失った良質な牛乳が毎日大量に捨てられるようになった。そして廃棄を免れた牛乳の一部が、学生寮に住む彼のもとへ送られてくる。木々の間を抜けると、少し開けた丘陵地帯へ出た。一面の草地が春の陽に照らされて、より鮮明な緑を映していた。白い群れを追う羊飼いと牧羊犬の姿が見える。

翌朝遅く目覚めると、彼女はすぐにキッチンに立ちブランチの支度を始めた。彼女が大の料理好きということは、前夜に熱を入れて夕飯を準備していた姿からも明らかだった。彼女は、「もし嫌でなかったら Tamagoyaki を作るけれど」と小さな声で言った。彼女の口から日本語が聞かれたのは、これが初めてではない。食べ物やアニメを含む日本の文化に関係する単語を、時々、前置きもなくサラリと口にした。ルーマニアで卵焼きを食べさせてもらうのも悪くはないと考えながら、昔もらったメールにあった一文が礼儀上の配慮で書かれたものではなかったことを私は悟った。

〝私が行ってみたい国の上位リストに、もちろん日本は入っています。私は合気道を習っていて、ミステリアスなあなたの国に、強い興味を持っています〟

彼女は慣れた手つきで卵を溶き、そこへ化学実験さながらの精確さで量った水と醬油をスプーンで加えた。それから熱したフライパンに溶き卵をのばして巻き、再び溶き卵を流し入れると、のばした卵の薄皮をフォークで持ち上げ、また同じ方向へ向かって器用に巻きつけた。次も、また次も、薄皮を持ち上げ同じ方向へ……。彼女が二つ目の卵焼きにとりかかったところで、私は小声で話しかけた――これほど手の込んだ卵焼きは見たことがない、と。そして私がいつも作る手抜き卵焼きの作り方を伝授した。彼女は、巻いた卵で芯をつくり、薄皮の上にただ前後に転がすように巻けばいいことをすぐに覚え、インターネットで調べた方法では曖昧だった巻き方がやっと分かったと合点し喜んだ。そして、卵焼きを食べにやってきたボーイフレンドの姿を見ると、はしゃぐように報告した。

「前後に転がすように巻くと、片面だけが焦げることもなくて、色合いも形もとてもよく仕上がるの！」

ブランチを食べ終えたあと、私と彼女は雨傘をさして市内の植物園に出かけた。気まぐれな雨がやみ、霧が晴れると、背筋をまっすぐに伸ばしたチューリップが凛《りん》とした姿を現し、その花びら一枚一枚の紫が大気中に冴《さ》えわたった。私たちは、樹木に囲まれた静かな小道を歩いた。彼女の柔らかい声が、ほどよく耳に届く。

彼女の父親は、アルコール依存症だった。母親は会計士として働き、家計を支えながら、彼女と弟を育て上げた。弟はおとなしく傷つきやすいところがある一方で、年齢以上にしっかりしていて頭もよく、現在は同じクルージュナポカで大学に通っている。彼女は、父親の状態が最悪だったにもかかわらず、母親が前向きさと寛大な精神を失わずに子どもと向き合い、弟が道を外すことなく成長したことを〝幸運〟と呼んだ。彼女自身は、大学を卒業していったんは就職したものの、大学院へ進むことを決心し都市へと移り住んだ。彼女はとても控えめな口調で、けれどたしかに、はっきりとこう言った。

「自分の不幸や不満を誰かのせいにしているうちは、いい運命なんて開けてこない」

彼女のひと言は、もうすっかり記憶の隅に追いやってしまっていた過去のメールと、それをやり取りしていた当時の彼女に対する印象を、かすかによみがえらせた。三年前、大学の卒業を控えた彼女は、何かを渇望していた。そのうちの一つが旅であり、けれど求めていたものは、もちろん旅だけではなかった。旅は、その〝何か〟への一歩を踏み出すために彼女が見つけた装置、つまり引き金にすぎない。

《あなたのブログを見て、もう目的もなく時間を費やすのをやめました。最近は自分が求めることをもっとやるようにして、おかげで身のまわりの状況もずいぶんと変化しつつあります。いまはとりあえず、国内旅行を終えたところです。自分の国の中とはいっても、考え方やライフスタイルは地域ごとに大きく異なっていて、面白い人たちとの出会いがありました。そして旅をすればするほど、旅や新しい知識に対する渇きは強まるばかりです。もっと見たくなるし、もっと知りたくなる。人生に与えられたこの素晴らしい機会を無駄にしたくない。だから、自分が本当にやりたいことを私は絶対にやり抜くつもりです》

家に帰り着くとすぐ、彼女は鶏を丸ごと一羽鍋に入れて出汁《だし》をとり、チキンスープを作りはじめた。いずれは幼児教育に携わりたいと話すほどの子ども好きで、面倒見がよく、彼女の温かい雰囲気に吸い寄せられるように、子どもたちがいつの間にか彼女のまわりに集まってくることは、自他ともに認めるところだった。私はキッチンの椅子に座ったまま、手際よく野菜の皮を剝く彼女に言った。

「このまま家庭に入って、主婦になればいいのに。いままでに出会ったどんな二十五歳よりも、良妻賢母という言葉がピッタリくる……」

けれど彼女は、主婦になることも、家庭に入るという考えも否定した。その主張は、植物園を散歩中にウエディング写真の撮影に興じる数組のカップルに出くわしたときから一貫していた。式を挙げるつもりも、ウエディングカーで街中を走りまわる予定もなく、結婚を人生の一大事にしたくないという彼女なりの人生観があるらしかった。

「まずは自立した人生を確立して、自由に好きなことをやりたい。そのうえで、彼との生活を少しずつ深めていって、そこへ子どもが加わっていけばいいと思う。彼にもそのことは伝えてあるの。彼が私を幸せにする必要はないからって。充実した人生を送れるかどうかは、私の個人的な問題なのよ」

スープの準備が整うと、ボーイフレンドを加えた三人でテーブルを囲んだ。それからデザートには、前夜と同じくコンポートを食べることにした。

彼は食料棚に頭を突っ込み、それぞれの実家から送られてきた自家製コンポートの瓶の中から、今夜はチェリーのコンポートを選んだ。無添加砂糖水の中を泳ぐチェリーは、漬かりすぎていないぶん甘みが抑えられ、天然果実の素朴な風味がそのまま残っていた。

「祖父母や両親が田舎にいると、おいしいものが食べられるから、僕たちはラッキーだ」

二人はともに都会で教養を積み、同時に草木や自然との共生を好む若者だった。同世代の他の若者と同じく、海外のアニメや映画を観て育ち、おかげで高い語学力を身につけていた。彼は国内の企業でインターンとして仕事をしながら卒論を書き、最近面接を受けた別の外資系企業からの合否通知を待っていた。都市でも田舎でも国内でも国外でも、どこへ行って暮らしてもいい、と二人は言った。

「グローバルビジネスとネットワークの時代に、国というまとまりはしっくりこない。別にどこでもいいんだ。ただ、一つの理想として、自然の中でのんびりと暮らしながら、オンラインで仕事ができるような方向へ僕たちの未来が向かっていくといいと思う」

夕飯のあと、私たちは彼女の弟が作ったティラミスケーキを食べるために、学生寮へと急いだ。彼とルームメートが生活する部屋の中には何台ものパソコンが並び、学生が七人ばかり集まって、ケーキの登場を待っていた。弟はパイナップルが入ったケーキを皿に取り分けて、照れくさそうに微笑んだ。背が高くがっちりとした体形をしていて、そう多くは語らないものの、彼のお姉さん同様に性格のよさがはっきりと見てとれる顔つきをしていた。

弟は高校生だった頃の一時期、期間にしておよそ半年間、失語症に陥っていたことがある。アルコール依存症の父親が、荒々しさに欠ける彼の性格をなじり、男として失格の烙印《らくいん》を押しつづけたことが原因だった。彼はそのときに抱えた心の痛みを自分の胸の奥に押し込め、じっと口を閉ざした——自らの苦しみを、暴力や依存症や叫び声によって表現する多くの人々とは一線を画すようにして。そして物静かな姉は、そんな弟を時折家の外に連れ出し、あるいは街に連れ出して、決して騒ぎ立てることなく、彼の中から再び言葉が出てくる時を待ちつづけた。

弟は、みんなが食べ終えたケーキの皿をさっと片付けてから、カードゲームを始めた私たちの輪に加わった。私はルールの説明を受けながら、植物園で彼女から聞いた話を思い出した。

「弟は、見かけによらずとても強いものを持っている。自分が決めたことを妥協せずにやり通す強さや、時にはまわりの人を説得して、力強く引っ張っていくような一面もあるの。私も最近そのことに気が付いて、とても驚いたんだけど」

コンピューターゲームのプログラミングのコンペに向けて、弟たちはチームを組み、ニューヨーク行きの切符を懸けて作品づくりに熱を上げていた。投資家、スポンサー契約、業界とのコネクション。彼らは無邪気に夢を語り、けれど取り組みは真剣そのものだった。くわえて彼らの話す英語は、第二言語のレベルを超えて、イントネーションも言いまわしも、ネイティブさながらの実力だった。

「IT系の学生だから、特別な語学教育でも受けているの？」

「そんなことないけど、ITに関する教科書は英語ばかりだからね」

彼らは、ほとんどの書物を英文で読む。けれどそれ以上に、幼少時から英語のアニメを楽しみ、海外の音楽を聴きまくり、英語サイトを自在に扱い、そんな環境をごく当たり前のこととして受け入れながら成長してきた。

八〇年代の終わりから九〇年代の初めに生をうけた彼らは、共産主義の崩壊の後にルーマニア国内へなだれ込んできた西側の文化を最初に享受した世代でもある。このままルーマニアの西側化が進めば、次の世代の子どもたちは、いったいどこまで英語化し、国際化を遂げるのだろうか……、私は自然な疑問に行きあたった。するとボーイフレンドは、「それはどうかな?」と宙を見上げた。

「次世代の子どもの英語力は、僕たちよりも劣るかもしれない。なぜなら、ルーマニア国内の新しい社会システムが整ってきたおかげで、アニメや映画も吹き替え版が作れるようになったから。いまの子どもたちは、僕たちが子どもの頃とは違って、英語を学ばなくても娯楽には事欠かないからね。もちろん僕にだって、いまの傾向が一時的なものなのかどうか、未来がどうなっていくかなんて分からないけれど」

学生たちのエネルギーに圧倒され、遊び疲れてようやく家に戻ったのは真夜中の二時前だった。気持ちが高揚しているためか、まだどこか話し足りない気分で上着を脱ぐと、ひと足先にキッチンへ入った彼女が、「紅茶でいい?」と訊いた。そして、どちらからともなくテーブルに着いた私たちは、話の続きを始めた。

「弟さんのティラミスもそうだけど、二人とも料理はお母さんから教わったの?」

彼女は、母親から料理を教わった記憶はなく、昔は料理をする習慣もなかったと言った。

「ただ、私と弟はいつもキッチンにいたの。仕事で忙しかった母と話ができる唯一の場所がキッチンだったから。それで、いつの間にか料理を覚えたのだと思う。一人暮らしを始めて、自分でいろんな料理を作ってみたら楽しくって。私はやっぱりキッチンが好き」

母親は少し前に、悪性腫瘍を摘出した。腰骨の一部を切除するほどの大きな手術だったにもかかわらず、母親は根っからの明るさと前向きさを全く失わなかった。そして介護が必要となったいまでも、自分の好きな人生を思い切り自由に生きなさい、というわが子へのメッセージは変わっていない。

「母は何かに夢中になると、歩行器を忘れて歩きだしてしまうの。しばらく行ってから動けなくなって、そこでやっと自分が歩けないことを思い出すような人なのよ——『残りの四本脚を忘れたわ！』って」

私たちはカップを持ったまま、クスクス笑った。

「それで、お父さんは？」

「父は庭にいる時間が増えた。家の中にいると、母の着替えを手伝ったりモノを取ったり、世話をしなくてはいけないから逃げまわっているみたい。でもね、土いじりが大好きだった母は、父が代わりに庭の手入れをするようになって喜んでいるの。窓から見える表の花壇が、毎日どんどんきれいになっていくって。病気になったかいがあったって。だって母は、本当に土や花々を愛して生きてきたから」

解説——得難い真っ当な旅人の食

森枝卓士

引っ越しの最中にこれを書いている。独立した息子の部屋が空いたものだから、仕事場を畳んで、戻ることにしたのだ。

スペースとしては三分の一ほどになってしまうもので、地層のように貯《た》まった資料や写真を「断捨離」しているのだが、若い頃のあれこれを発掘してしまい、昔を思い出してしまう。

駆け出しの日々をタイで過ごした。たまたま、故郷の水俣《みなまた》で、ユージン・スミスという大写真家と出会い、ジャーナリズムの世界に首を突っ込んだ。大学を出てから、カンボジアの内戦、黄金の三角地帯の麻薬問題等々、アメリカのテレビや日本の新聞の助手などしていた。その過程で、土地の食をまったく知らなかったと気付いた。タイ料理の店など、日本にはほとんどなかった頃。そして、試行錯誤の末に食の文化という視点を持つようになり、それを仕事とするようになった。

この本を読み返して（というか、正確に言えば文庫版に加えられるエピソードをゲラで読みながらなのだけど）、思い出した試行錯誤があった。著者も泊まり込んでいる、カオサン通りの安宿。そこに集う日本人たちの物語を書こうと思った。楽宮旅社といったか。今では伝説の、その宿に泊まり込んだ。

戦争や麻薬問題の取材の合間に、一週間ほど泊まった。そして、諦めた。出会った旅人に、感情移入出来なかった。どれだけ、安く旅をするか。どれだけ、多くの国を訪ねるか。本来、手段ではないかと思われることが目的となっているような旅人たちに辟易《へきえき》としたのだ。どこそこの娼館《しょうかん》が安いといった話に。

戦争取材というあまりにも劇的な場にいたのがいけなかったか。後に、小林紀晴が『アジアン・ジャパニーズ』という本をまとめているから、それに反応するアンテナさえ私が持っていたら、違ったのかもしれない。あるいは、この本の著者、中村安希さんのような人物に出会っていたら。

この本をはじめ、彼女の書く一連のストーリーを読みながら思うのが、何とまあ、真っ当な旅人であるかということだ。希有《けう》と言っていいほどの、真っ当な旅人。

真っ当な旅人とはどんなものか、などと改めて問う声はないと思う。この本を読んだら。辛苦の中でも、どれだけ、この著者が自然体で旅をしていて、それを楽しんでいて、人との接し方も自然であるか。「その程度のことが?」とは、まさか誰も言うまいが、いたとしたら、イマジネーションが欠如しているか、「旅」をしたことがない人物である。

そうそう。先日来、仕事でアジアやヨーロッパに旅をしていて、飛行機で大学生と隣りになった。卒業旅行で大学の友人たちと一緒だというが、H.I.S.だか、JTBだかのツアーで行くのだと聞いて、ひっくり返った。卒業旅行で海外といえば、放浪のような旅が当たり前だと思っていたものだから。中村さんが、この本で記しているような旅とまではいわなくても、一人か少人数での予約なしの旅である。

空港に着けば、バスが待っていて、ホテルまでおくってくれ、それ以降もガイドの案内で観光地とお土産物屋を回り……。そんな旅しかしたことがない相手には、交通手段を探し、宿を探して交渉し……といった旅の大変さも、面白さも、さて、分かってもらえるだろうか。

誰も英語を理解しない、シチリアの片田舎で出会った、片言の英語を話す人物に、我が家に来て泊まれと誘われたことがあった。後に映画『ニュー・シネマ・パラダイス』にも関係したライターだと知った。同居していたマンマに土地の料理を教えてもらったりもした。とはいえ、真っ暗な夜道を走る車の中では、金と手元のカメラ機材目当てではないか等々不安に駆られたりもした。

モロッコ、カサブランカの市場で出会ったお兄さんも、チリのワイナリーに向かう列車で会ったおねえさんも、さて、善意の人物なのか、それとも……と男の一人旅でさえ、気疲れのタネは尽きない。ましてや、若く涼やかな女性の一人旅。おそらくは下心も併せ持った好意やお節介に、毅然《きぜん》としつつ普通に接したりすることが如何《いか》に大変か。想像に余りある。なのに、彼女の描く旅が自然体であることに感嘆するのだ。

中村さんは処女作でもある旅の本、『インパラの朝』で開高健賞を受けている。それで思い出したのだが、文豪開高健の文庫、『夏の闇』の解説で、作家のC・W・ニコル氏が、母国のウエールズではこんな言葉があると書いていた。

「宿題をちゃんとしてきた男」

そして、開高さんがそうだった、と続くのである。それぞれの世代でやるべきこと、経験すべきことをちゃんとやって、年を重ねている人物という意味合いだろうと思われる話である。男であれ、女であれ。

当たり前のようで、これはなかなかに大変なことである。もとより、ふつうの日常を積み重ねて、出来る「宿題」もあるとは思う。だが、極論と思われるかもしれないが、生きるか死ぬかのような、極限状態、非日常の極致を経《へ》た（そのような宿題をした）上での自然体、優しさ、迫力のようなものもある。ニコルさんがいうのは、そんなことではないかとも思う。

そして、中村さんの文章に、そのような、「ちゃんと宿題をしてきた」ということを感じた。凜《りん》とした人物を感じさせる文章。文は人であると改めて思う。

「私は、自宅のテレビから得られる膨大な知識よりも、旅で得られるわずかな手触りにこそ真実があると考えています。（中略）さあ、旅に出よう。世界を楽しもう」

この本の中にある、ネットで知り合ったルーマニアの少女に向けて書いたというメールの一文である。この一文に彼女の旅が表象されている。

旅という非日常も、パックツアー程度で十分。そう思うようなら、この本は薦めない。足すこともない。

そこから、一歩、踏み出したいというような想いがあれば、ちゃんと対峙《たいじ》して損はない。私のように、文庫を解説の立ち読みから買うか考えているアナタにいうのだけど。

ところで、食、である。

「食べる」という行為は日常そのものである。とはいえ、異文化の地の日常は、旅人にとって、時として非日常的なものである。まさに、旅の主題の一つであって当然か。

わたしは前述のように、食にまつわる仕事をしているものだから、このタイトルに惹《ひ》かれて、本を手にとった。正直に言えば、その期待とは違うものだった。食、あるいは食の文化がストレートにテーマであるというよりも、狂言回しとして食、食べ物があるという印象を受けたのだ。

例えば巻頭のインジェラの話。テフというエチオピアを中心に栽培されている穀物から作られるクレープ状の食品であること等々、物語の中で語られはするが、脇役の印象。スリランカの話に登場する、「かつお節?」というものはモルジブフィッシュといい、黴《かび》付けこそされていないものの、日本のかつお節の作りと共通する興味深いものである。

そこから、広がる話も読みたいなあと思われたりしたということなのだけど、まあ、彼女が書きたかったのは食文化論というわけでもないから、無い物ねだりか。

何より、それぞれの話が、素晴らしく出来の良い短編小説の味わいであり、かてて加えて、結果的にはその物語から、「食べるという行為」を読者に改めて、根源的に考えさせるものではないか。少なくとも、私にはそのように響いた。十分に満ち足りた。どんなグルメ話よりも。高級ワインの話よりも。ゲテモノの奇譚《きたん》よりも。

また、一つ、開高健を思い出した。文豪は「筆舌に尽くしがたい」と言ってはダメだといっていた。物書きというものは、筆舌に尽くすのが商売である、と。特に味覚については、文章で味をねじ伏せてしまおうとするように、比喩、擬態語、擬音語、漢語など多用した新奇な単語の列挙、常套句《じょうとうく》、誇張などなど使えるかぎりの文章技法で、味を料理している。その文豪の技法とはまったく違うけれど、中村さんの文章も見事にそそる。例えば……。

ヨルダン南部の村、ワディムーサの宿の屋上に腰掛けて、私はスチール製の器に残ったスープを深い感動とともに飲みほした。（中略）この広い世界で生産される多種多様な即席麺の多くは、油を吸ってコシを失い、化学調味料の強い刺激臭をまき散らしていた。そんな世界のインスタントラーメン事情のなかにあって、日本から届いた即席麺の滑らかな歯ごたえと計算され尽くした繊細な味加減は、他の品から一線を画していると思われた。

というのが、日本を離れて一年、アンマンの郵便局で受け取った荷物にあった、サッポロ一番塩らーめんのこと。まったく、サッポロ一番も本望だろう。このように表現されたら。

あるいはグルジアで出会った自家製ワインのくだり。「低濃度のグレープジュースのように色が薄く、サイダーのようなちょっとした刺激と酸味があった。私はその味に惚《ほ》れた。その味に惚れ込んだ。実は、その味にずっと前から惚れていたのだと悟った。それは、かつてチベットの山岳地帯でさし出された、あの懐かしいどぶろくの味だったのだ」

そして、それに続くチベットの思い出話を読みながら、思った。彼女の描く食の表現は、旅の物語に溶けていく。どこまでも旅の中にある食の物語。そこにも他にない魅力がある。

さて、これから、彼女はどのような旅と宿題をしていくのか。開高健にそうであったように、惚れてしまった身としては、旅人の積み重ね方を見続けたい。

お楽しみはこれからだ。きっと。

（もりえだ・たかし　作家／写真家）

この作品は二〇一一年十一月、集英社より刊行されました。
文庫化にあたり、新たに原稿を加え、再構成しました。

中村安希の本

インパラの朝

ユーラシア・アフリカ大陸684日

広大なユーラシア大陸を横断し、イスラム圏の国々を越えてアフリカ大陸へ——。47カ国を旅した著者が綴る世界のかたち。第7回開高健ノンフィクション賞を受賞したデビュー作。

集英社文庫

集英社文庫　目録（日本文学）

中島らも・小堀純	せんべろ探偵が行く
長嶋有	ジャージの二人
中園ミホ・古林実夏	ゴースト もういちど抱きしめたい
中谷巌	痛快！経済学
中谷巌	資本主義はなぜ自壊したのか 「日本」再生への提言
中西進	日本語の力
中野京子	芸術家たちの秘めた恋 —メンデルスゾーン、アンデルセンとその時代
中野京子	残酷な王と悲しみの王妃
中野次郎	誤診列島 ニッポンの医師はなぜミスを犯すのか
長野まゆみ	上海少年
長野まゆみ	鳩《はと》の栖《すみか》
長野まゆみ	白昼堂々
長野まゆみ	碧《あを》空《ぞら》
長野まゆみ	彼《かれ》等《ら》
長野まゆみ	若葉のころ
中原中也	汚れつちまつた悲しみに…… —中原中也詩集
中場利一	シックスポケッツ・チルドレン
中場利一	岸和田少年愚連隊
中場利一	岸和田少年愚連隊 血煙り純情篇
中場利一	岸和田少年愚連隊 望郷篇
中場利一	岸和田のカオルちゃん
中場利一	岸和田少年愚連隊 外伝
中場利一	岸和田少年愚連隊 完結篇
中場利一	その後の岸和田少年愚連隊 純情ぴかれすく
中部銀次郎	もっと深く、もっと楽しく。
中村安希	インパラの朝 ユーラシア・アフリカ大陸684日
中村安希	食べる。
中村うさぎ	美人とは何か？ 美意識過剰スパイラル
中村うさぎ	「イタい女」の作られ方 自意識過剰の姥皮地獄
中村勘九郎	勘九郎とはずがたり
中村勘九郎	勘九郎ひとりがたり
中村勘九郎 他	中村屋三代記
中村勘九郎	勘九郎ぶらり旅
中村勘九郎	勘九郎日記「か」の字
中村航	夏休み
中村航	さよなら、手をつなごう
中村修二	怒りのブレイクスルー
中村文則	何もかも憂鬱な夜に
中山可穂	猫背の王子
中山可穂	天使の骨
中山可穂	白い薔薇の淵まで
中山可穂	ジゴロ
中山可穂	サグラダ・ファミリア〔聖家族〕
中山可穂	深爪
中山美穂	なぜならやさしいまちがあったから
中山康樹	ジャズメンとの約束
永山久夫	世界一の長寿食「和食」
ナツイチ製作委員会編	あの日、君とBoys

集英社文庫　目録（日本文学）

集英社文庫　目録（日本文学）

集英社文庫　目録（日本文学）

花村萬月　ゴッド・ブレイス物語
花村萬月　渋谷ルシファー
花村萬月　風に舞う
花村萬月　風　転(上)(中)(下)
花村萬月　虹列車・雛列車
花村萬月　錏《あ》娥《が》哢《る》奼《た》(上)(下)
花家圭太郎　暴れ影法師　花の小十郎見参
花家圭太郎　荒舞　花の小十郎始末
花家圭太郎　乱《みだれ》舞《まい》　花の小十郎京はぐれ
花家圭太郎　八丁堀春秋
花家圭太郎　日暮れひぐらし　八丁堀春秋
花家圭太郎　鬼しぐれ　花の小十郎はぐれ剣
帚木蓬生　エンブリオ(上)(下)
帚木蓬生　インターセックス
帚木蓬生　賞の柩
浜辺祐一　こちら救命センター　病棟こぼれ話

浜辺祐一　救命センターからの手紙　ドクター・ファイルから
浜辺祐一　救命センター当直日誌
浜辺祐一　救命センター部長ファイル
早坂茂三　男たちの履歴書
早坂茂三　政治家は「悪党」に限る
早坂茂三　意志あれば道あり
早坂茂三　元気が出る言葉
早坂茂三　オヤジの知恵
早坂茂三　怨念の系譜
早坂倫太郎　不知火《しらぬい》清十郎　龍琴の巻
早坂倫太郎　不知火清十郎　鬼琴の巻
早坂倫太郎　不知火清十郎　血風の巻
早坂倫太郎　不知火清十郎　辻斬り雷神
早坂倫太郎　不知火清十郎　将軍密約の書
早坂倫太郎　不知火清十郎　妖花の陰謀
早坂倫太郎　不知火清十郎　木乃伊《ミイラ》斬り

早坂倫太郎　不知火清十郎　夜叉血殺
早坂倫太郎　波浪島の刺客　弦四郎　鬼神斬り
早坂倫太郎　毒牙狩り　波浪島の刺客
早坂倫太郎　天海僧正の予言書　波浪島の刺客
林えり子　田舎暮しをしてみれば
林望　マーシャに
林望　りんぼう先生おとぎ噺《ばなし》
林望　リンボウ先生の閑雅なる休日
林望　小説集　絵の中の物語
林望　リンボウ先生の日本の恋歌
林真理子　ファニーフェイスの死
林真理子　トーキョー国盗り物語
林真理子　東京デザート物語
林真理子　葡萄物語
林真理子　死ぬほど好き
林真理子　白蓮れんれん

集英社文庫　目録（日本文学）

林真理子　年下の女友だち
林真理子　グラビアの夜
林田慎之助　諸葛孔明
林田慎之助　人間三国志　覇者の条件
早見和真　ひゃくはち
原宏一　ムボガ
原宏一　かつどん協議会
原宏一　極楽カンパニー
原宏一　シャイン！
原民喜　夏の花
原田ひ香　東京ロンダリング
原田宗典　優しくって少しばか
原田宗典　スバラ式世界
原田宗典　しょうがない人
原田宗典　日常ええかい話
原田宗典　むむむの日々

原田宗典　元祖スバラ式世界
原田宗典　できそこないの出来事
原田宗典　十七歳だった！
原田宗典　本家スバラ式世界
原田宗典　平成トム・ソーヤー
原田宗典　貴方には買えないもの名鑑
原田宗典　大サービス
原田宗典　すんごくスバラ式世界
原田宗典　幸福らしきもの
原田宗典　少年のオキテ
原田宗典　笑ってる場合
原田宗典　はらだしき村
原田宗典　大変結構、結構大変。ハラダ九州温泉三昧の旅
原田宗典　吾輩ハ作者デアル
原田宗典　私を変えた一言
原田康子　星の岬(上)(下)

原山建郎　からだのメッセージを聴く
春江一也　プラハの春(上)(下)
春江一也　ベルリンの秋(上)(下)
春江一也　カリナン
春江一也　ウィーンの冬(上)(下)
春江一也　上海クライシス(上)(下)
坂東眞砂子　桜雨
坂東眞砂子　屍の聲（かばねのこえ）
坂東眞砂子　ラ・ヴィタ・イタリアーナ
坂東眞砂子　曼《まん》荼《だ》羅《ら》道《どう》
坂東眞砂子　快楽の封筒
坂東眞砂子　花の埋葬　24の夢想曲
坂東眞砂子　鬼に喰われた女　今昔千年物語
坂東眞砂子　逢はなくもあやし
坂東眞砂子　傀《く》儡《ぐつ》
半村良　雨やどり

S 集英社文庫

食《た》べる。

2014年1月25日　第1刷　　定価はカバーに表示してあります。

著　者　中村安希《なかむらあき》

発行者　加藤　潤

発行所　株式会社 集英社

東京都千代田区一ツ橋2-5-10　〒101-8050

電話　03-3230-6095（編集部）

03-3230-6393（販売部）

03-3230-6080（読者係）

本文組版　株式会社ビーワークス

印　刷　大日本印刷株式会社

製　本　ナショナル製本協同組合

フォーマットデザイン　アリヤマデザインストア　　マークデザイン　居山浩二

ISBN978-4-08-745155-9 C0195